Ursula Abels • Helga Spieß
Und wir sehen schon den Stern

Und wir sehen schon den Stern

Geschichten und Gedichte
zur Winterzeit

Herausgegeben von Ursula Abels
Mit Bildern von Helga Spieß

CARLSEN

Dieses Buch ist meinen Enkeln
Nikola, Miriam, Frederik, Pascal, Friederike,
Kristina, Mauriz, Nathalie, Felix,
Maximilian und Mabi gewidmet.

1. Auflage 1998
© by Carlsen Verlag GmbH, Hamburg 1998
Satz: Dörlemann Satz, Lemförde
Lithographie: Buss & Gatermann, Hamburg
Druck und Bindung: Pustet, Regensburg
ISBN 3-551-51483-6
Printed in Germany

Noch ist Herbst nicht ganz entflohn

Noch ist Herbst nicht ganz entflohn,
Aber als Knecht Ruprecht schon
Kommt der Winter hergeschritten,
Und alsbald aus Schnees Mitten
Klingt des Schlittenglöckleins Ton.

Und was jüngst noch, fern und nah,
Bunt auf uns herniedersah,
Weiß sind Türme, Dächer, Zweige,
Und das Jahr geht auf die Neige,
Und das schönste Fest ist da.

Tag du der Geburt des Herrn,
Heute bist du uns noch fern,
Aber Tannen, Engel, Fahnen
Lassen uns den Tag schon ahnen,
Und wir sehen schon den Stern.

Theodor Fontane

*Wenn die
ersten Fröste knistern*

Erinnerung an einen Sankt Martinsabend
in der Kindheit

Als ich etwa zehn Jahre alt war – vielleicht war ich auch erst acht oder schon zwölf, das weiß ich nicht mehr so genau –, nun, sagen wir, als ich zehn Jahre alt war, da freuten wir uns schon am Ende der großen Ferien auf den November. Im November fing für uns die Weihnachtszeit an.

Das kam so: Ich bin in Köln geboren und aufgewachsen. In Köln aber, und vielleicht mehr noch in Düsseldorf, eigentlich am ganzen Rhein, in Holland, Belgien und Luxemburg, gibt es am 11. November einen besonderen Feiertag: Sankt Martin.

Sankt Martin ist keiner der großen Feiertage; es wird gearbeitet und die Kinder gehen in die Schule. Wenn der 11. November nicht gerade auf einen Sonntag fällt, ist er ein Tag wie jeder andere, aber am Abend vorher …

Im November wird es schon früh dunkel. Noch vor dem Dunkelwerden versammelten wir uns in einem Hinterhof bei den Mülltonnen. Jungen und Mädchen brachten ihre Laternen mit. Die Anna aus dem Nachbarhaus bastelte ihre immer selbst. Sie hatte jedes Jahr eine andere, einmal eine Kirche aus Pappe mit bunten Fenstern, die von innen durch eine Kerze erleuchtet waren, oder eine Dose, um die Martin mit seinem Pferd als Scherenschnitt herumritt. Kurt wohnte über uns; er trug jedes Jahr auf seinem Stock einen ausgehöhlten Kürbis, dem er ein Gesicht eingeschnitten hatte. Die ganz Faulen kauften sich ihre Laterne im Geschäft.

Ich selber gehörte auch zu den Faulen; denn ich ließ mir meine Laterne immer von meinem Vater machen. Er tat es gern und er konnte es auch viel besser als ich.

Aus unserer Straße fanden sich immer ungefähr fünfzehn Kinder zusammen. Sobald alle versammelt waren, zündeten

wir die Kerzen an und zogen los. Voran gingen die mit den schönsten Laternen. Am Schluss trugen die stärksten Jungen Netze, Taschen und Körbe.

Die Netze, Taschen und Körbe wurden mitgeschleppt, um alles hineinzupacken. Jeder, der mitging, borgte sich etwas zum Tragen von seiner Mutter. Klaus hatte einmal das Netz einfach vom Haken weggenommen. Seine Mutter hatte es aber zum Flicken dorthin gehängt; denn am Griff waren einige Fäden zerschlissen. Klaus merkte nichts, bis ihm eine Frau einige Äpfel in das Netz schüttete. Da riss es, und Äpfel, Nüsse und alles, was darin war, rollten über die Straße.

Im Dunkeln mussten wir unsere Sachen zusammensuchen. Es dauerte lange, bis wir wieder alles verpackt hatten, und andere Martinssinger wären uns beinahe zuvorgekommen.

Wir zogen also mit unseren leuchtenden Laternen los. Gleich hinter der nächsten Ecke wohnte der Gemüsehändler. Wir stellten uns vor seinem Laden auf und sangen:

Sankt Martin, Sankt Martin,
Sankt Martin ritt durch Schnee und Wind,
sein Ross, das trug ihn fort geschwind.
Sankt Martin ritt mit leichtem Mut,
sein Mantel deckt ihn warm und gut.

Mehr brauchten wir nicht zu singen. Denn der Gemüsehändler oder seine Frau brachte rasch jedem eine Apfelsine. Wir legten sie in das Netz, bedankten uns und zogen weiter.

Als Nächsten besuchten wir den Metzger. In seinem Geschäft warteten abends immer viele Kunden. So dauerte es etwas länger. Wir sangen auch die zweite Strophe:

> Im Schnee saß, im Schnee saß,
> im Schnee da saß ein armer Mann,
> hatt' Kleider nicht, hatt' Lumpen an:
> »Oh, helft mir doch in meiner Not,
> sonst ist der bittre Frost mein Tod!«

Noch ehe wir zu Ende gesungen hatten, stand die Frau des Metzgers schon vor uns und drückte jedem eine dicke Scheibe Wurst in die Hand. Auch die Wurst wanderte in die Sammeltasche.

Zwei Häuser weiter wohnte der Schuhmacher. Unser Schuhmacher war tüchtig. Von weit her brachten ihm die Leute die Schuhe zum Flicken; denn er machte es sehr billig und wirklich gut – aber er hörte schlecht. Weil wir das wussten, sangen wir vor seiner Tür besonders laut.

Wenn der Schuhmacher nach der zweiten Strophe noch immer nicht an die Tür kam, machten wir sie einfach auf und gingen mit unseren Laternen in die Werkstatt. Dort sangen wir dann weiter:

> Sankt Martin, Sankt Martin,
> Sankt Martin zieht die Zügel an,
> sein Ross steht still beim armen Mann.
> Sankt Martin mit dem Schwerte teilt
> den warmen Mantel unverweilt.

Der Schuhmacher freute sich über unseren Besuch. Seine Augen glänzten im Laternenlicht. Aus Freude schlug er mit dem Schusterhammer den Takt zu unserem Gesang. Weil er aber so schlecht hörte, kam er aus dem Takt, und das brachte uns alle durcheinander. Ich hoffe, er hat nie gemerkt, wie falsch wir bei ihm immer gesungen haben.

Hörten wir auf zu singen, so sprang er vom Schemel hoch. Er suchte etwas in seinem Schränkchen und gab jedem einen Schuhriemen. Die Schuhriemen verschwanden in dem Korb; alle fünfzehn reichten wir dem Schuhmacher die Hand und zogen weiter. Einmal waren dem Schuhmacher die Schnürsenkel ausgegangen, da schenkte er allen gemeinsam eine Pfunddose Schuhwichse. Bis wir die unter fünfzehn Kinder gerecht verteilt hatten, das war eine Arbeit!

Neben dem Schuhmacher hatte der Milchmann seinen Laden. Er bestand immer darauf, wir sollten nicht bloß betteln, sondern für die Geschenke etwas tun. Wenn er auch das Grölen beim Schuhmacher mitgehört haben musste, vor seiner Tür bekamen wir nichts, ehe wir nicht das ganze Lied bis zum Schluss gesungen hatten:

> Sankt Martin, Sankt Martin,
> Sankt Martin gibt den halben still,
> der Bettler rasch ihm danken will.
> Sankt Martin aber ritt in Eil
> hinweg mit seinem Mantelteil.

Erst danach gab uns der Milchmann Eier oder Käseeckchen. Auch sie landeten zwischen Schnürsenkeln, Wurststücken und Äpfeln. Wenn wir Eier bekommen hatten, wagten die Träger nur noch auf Zehenspitzen zu laufen. Das Käthchen von gegenüber wollte einmal sein Ei unbedingt in der Schürzentasche tragen, weil es dort sicherer wäre als im Korb. An jenem Abend ist außer Käthchen niemand hingefallen. Nur Käthchen war vom Bauch bis zu den Füßen gelb beschmiert. Sie musste früher nach Hause gehen und weinte deswegen. Erst als wir ihr für das zerschlagene Ei einen Taschenspiegel schenkten, war sie getröstet. Um den Taschenspiegel hätte es sonst doch Streit gegeben; der Friseur hatte uns allen gemeinsam nämlich nur den einen geschenkt.

Der reichste Mann in unserem Viertel wohnte an einem Platz ganz in der Nähe. Er war Makler von Beruf; er verkaufte Häuser und Bauplätze. Vor seinem großen Haus lag ein breiter Vorgarten. An einem Martinsabend fanden wir die Vorgartentür offen. Also gingen wir hinein und stellten uns vor der Haustür auf. Liselotte klingelte und wir begannen zu singen.

Zuerst kam die Hausangestellte. Doch sie lief gleich zurück und holte den Makler.

Solch ein dummes Gesicht habe ich noch selten gesehen. Der Makler stand in der Tür und wusste nicht, was er mit uns anfangen sollte: ein Haus konnte er uns nicht schenken. Weil wir aber merkten, dass wir nicht vergebens sangen, stimmten wir nach dem Martinslied noch an:

> Martin, Martin,
> Martin war ein frommer Mann.
> Zündet ihm die Lichter an,
> dass er oben sehen kann,
> was er Gutes hat getan.

Der Makler guckte noch immer dumm. Man konnte sehen, wie er überlegte. Deshalb trugen wir auch noch die zweite Strophe vor:

> Martin, Martin,
> Martin war ein lieber Mann.
> Stimmet ihm die Lieder an,
> dass er oben hören kann,
> was er Gutes hat getan.

Da war dem Makler etwas eingefallen. Er lief in das Haus. Bald kam er zurück und gab uns ein Päckchen Bilder. Es waren mindestens fünfzig Stück. Auf allen Bildern konnte man Häuser sehen: große Häuser, kleine Häuser, Fabriken und Geschäfte, Mietshäuser und Bauernhöfe, Schwarzwaldhäuser und bayrische Häuser.

Mit den Häusern hatten wir bei der Verteilung Ärger. Keiner mochte die Fabriken nehmen und jeder wollte ein Schwarzwaldhaus haben wegen der Steine auf dem Dach. Wir hatten aber nur drei Schwarzwaldhäuser. Eines davon bekam Liselotte, weil sie geklingelt hatte, die beiden anderen verlosten wir.

Nur ein Geschäft ließen wir auf unserem Weg aus: das

Seifengeschäft. Dort bettelten wir erst, wenn die Kerzen fast abgebrannt waren; denn der Seifenhändler steckte uns immer neue Kerzen in die Laternen, damit wir weitersingen konnten.

Später haben wir auch noch ein anderes Geschäft ausgelassen: das Fischgeschäft. Als wir nämlich an einem Martinsabend vor dem Fischgeschäft gesungen hatten, schenkten uns die Verkäufer Salzheringe, in Zeitungspapier eingewickelt. Wir legten die Heringe zu den anderen Sachen. Aber das Papier muss undicht gewesen sein. Am Abend nach der Verteilung schmeckte alles nach Fisch, sogar die Zuckerstangen. Und ich musste meinen Hering am Schwanz nach Hause tragen, weil wir nicht genügend Einwickelpapier hatten.

Am geizigsten war der Bäcker. Er ließ uns alle Lieder singen, ohne sich zu zeigen. Als letztes brachten wir noch:

> Hier wohnt ein reicher Mann,
> der uns was geben kann:
> Viel soll er geben,
> Lange soll er leben,
> selig soll er sterben,
> das Himmelreich erwerben!

Aber auch das half nicht. Dann sangen wir dasselbe Lied noch einmal und hängten hinten an:

> Lasst uns nicht so lange stehn,
> denn wir müssen weitergehn,
> w-e-i-t-e-r-g-e-h-n!

Ich habe nur einmal erlebt, dass der Bäcker uns etwas schenkte – trockene Brötchen. Doch wir versuchten es jedes Jahr wieder. Wenn wir lange genug gesungen hatten, ohne etwas zu bekommen, zogen wir weiter. Beim Fortgehen aber riefen wir im Chor: Geizhals, Geizhals, Geizhals …!

Wir sangen mit unseren Laternen, bis die Geschäfte geschlossen wurden. Sogar vor dem Kino haben wir gesungen, und jeder bekam einen Groschen.

In unserem Viertel gab es auch eine Fabrik. Sie machte Rohre. Einer von uns – ich weiß nicht mehr, wer – kam auf den Gedanken, auch dorthin zu gehen. Wir stellten uns vor das Pförtnerhäuschen und begannen zu singen. Der Pförtner schaute uns erstaunt an und kratzte sich am Kopf. Dann nahm er den Hörer, um zu telefonieren. Er telefonierte noch einmal und bald kamen fünf Werkpolizisten. Sie nahmen uns in die Mitte und führten uns durch das Werk.

Die Arbeiter waren schon längst zu Hause, und in den Werkhallen war es so still, dass die Mädchen sich schon fürchteten. Zwischen riesigen Drehbänken durch, an großen Pressen vorbei kamen wir zum Direktionsgebäude.

In der Direktion saß ein altes Fräulein an der Schreibmaschine. Sie sorgte sich sehr, wir könnten Wachs auf den schönen dicken Teppich tropfen lassen.

Als wir unser Lied gesungen hatten, ging eine schwere, mit Leder gepolsterte Tür auf. Heraus kam ein kleiner dicker Mann und klatschte Beifall. Dann winkte er dem alten Fräulein und ließ jedem von uns einen richtigen, feinen Drehbleistift schenken. Auf jedem Stift stand der Name der Fabrik.

Sobald die Geschäfte geschlossen hatten, zogen wir wieder zu den Mülltonnen. Jeder bekam einen Platz zugewiesen. Dann wurde verteilt: jeder ein Brötchen, jeder eine Apfelsine, jeder sieben Esskastanien, jeder ein Schreibheft, jeder einen Schuhriemen. Und so ging das weiter: Kämme, Tortenstücke, Postkarten, Würstchen, Knetgummi, Spardosen und Schokolade.

Was nach dieser Verteilung übrig blieb, waren meist Gläser mit Marmelade, Tuben mit Zahncreme, Bücher und sogar einmal ein Paar Kinderschuhe. Wenn diese Sachen verteilt wurden, gab es meistens Krach; entweder wollte niemand sie haben, oder alle hätten sie gern gehabt. Aber am Ende einigten wir uns doch und beratschlagten, wo wir im nächsten Jahre wieder hingehen würden.

Das alles ist nun schon lange her. Ich wohne in einer anderen Stadt und hier gibt es ein solches Martinssingen und -betteln nicht. Erst vor einigen Jahren hat man hier damit angefangen, einen Martinszug durch die Stadt ziehen zu lassen.

Vorneweg reitet ein Mann in rotem Mantel mit Goldhelm, der den Martin darstellt, hinterdrein humpelt der Bettler in Lumpen, und dann folgen die Kinder mit ihren Laternen. Sie singen Martinslieder, und wenn der Umzug vorüber ist, wird das Martinsfeuer auf einem freien Platz angezündet. Die Kinder schauen in die Flammen, die aus dem Holzstoß schlagen, Martin hält eine kleine Rede, jedes Kind bekommt etwas Backwerk geschenkt, und danach gehen alle wieder nach Hause.

Von Martin wissen die Kinder nur, dass er mit einem Bettler seinen Mantel geteilt hat. Und ehrlich: wir haben damals auch nicht mehr gewusst. Das ist eigentlich schade; denn Martin war schon ein ganz besonderer Mann.

Hans Peter Richter

Martinszug

Aus allen Straßen kommen sie gegangen
Und haben Lampen, blau und rot und grün.
Die tragen sie an schmalen, langen Stangen,
Und nun es Abend wird, siehst du sie prangen,
Lampione, die im Kerzenlicht erblühn.

Auch Kürbisköpfe siehst du unter ihnen,
Die haben Zähne, Nase und Gesicht
Und machen wie die Zuckerrüben Mienen
Und sind von innen dämmrig rot durchschienen
Von einem kleinen, warmen Kerzenlicht.

Und andre tragen Häuser auf den Stangen
Und haben Kirchen aus Papier erbaut.
Auch Tiere sind dabei, ganz rote Schlangen.
Daneben siehst du gelbe Sterne prangen
Und Mond und Sonne aus papierner Haut.

Und vorn vor ihrem Zug, sehr hoch zu Pferde,
Reitet der Heilige, dem die Feier gilt.
Der teilt den Mantel mit des Schwerts Gebärde,
Die Hälfte sinkt, genau geteilt, zur Erde,
Wo sie den nackten Bettler warm umhüllt.

Der schaut den Zug und sieht die vielen Lichter
Und sieht den Glanz, der in der Kinder Blick,
Sieht ihre vielen strahlenden Gesichter
Und über ihnen rot und gelb die Lichter
Und über allem gold und schön ihr Glück.

Franz Alfons Hoyer

Das Hemd

Es war Feiertag. Bald musste Bischof Martin kommen. Die Armen stellten sich bei der Kirche auf. Weil ein kalter Wind blies, gingen sie in den Windschatten der hohen Mauer, an der seine Zelle lag, in die er zuerst eintreten würde.

Sie brauchten nicht lange zu warten. Die Straßenjungen liefen schon auf den Vorplatz; und dann trat auch Martin aus der Gasse heraus.

Er trug seinen Fellmantel. Neben ihm schritt der bischöfliche Armenpfleger, er hatte einen schönen Tuchmantel an. Dem Armenpfleger folgte ein junger Mann mit einem Korb voll Broten. Dahinter kamen die Mönche und dann die Gläubigen.

Die Armen traten zur Seite und ließen Martin vorbeiziehen. Martin nickte ihnen freundlich zu und segnete sie. Der Armenpfleger nahm Brote aus dem Korb, den ihm der junge Mann hinhielt. Die Brote reichte er nach links oder rechts. Manchmal vergaß er auch, ein Brot zu schenken. Doch Martin übersah nichts; er blieb stehen; schweigend zeigte er auf den Vergessenen, und der Armenpfleger beeilte sich, nachzuholen, was er versäumt hatte.

Martin war schon bei der Tür zu seiner Zelle angelangt. Da sah er einen Mann, dessen Hemd nur noch aus Fetzen bestand. Martin hielt an. Rasch schenkte der Armenpfleger ein Brot her. Doch Martin zeigte auf den Armen und sagte: »Der bekommt ein Hemd!«

»Jawohl!«, antwortete der Armenpfleger; dabei machte er eine Verbeugung. Dem Mann befahl er: »Warte!«

Martin ging in seine Zelle, und die anderen betraten die Kirche.

Draußen vor der Kirche aber wartete der Arme auf sein Hemd. Alle Beschenkten waren entweder schon nach Hause oder in die Kirche gegangen. Er stand allein in der Kälte und fror. Nur noch wenige Gläubige eilten verspätet in die Kirche; niemand kam heraus – auch kein Armenpfleger.

Als er niemand mehr sah, öffnete der Arme vorsichtig die Tür zu Martins Zelle. Leise schob er sich hinein.

Martin blickte ihn erstaunt an und fragte: »Warum störst du mich im Gebet?«

»Das Hemd, Bischof Martin«, stammelte der Mann, »du hattest mir ein Hemd versprochen!«

»Und?«, fragte Martin, »passt es dir nicht?«

»Doch – Nein!«, stotterte der Arme.

»Nun! Was denn?«, fragte Martin freundlich.

»Ich habe keines bekommen!«, stieß der Mann hervor.

»So!«, sagte Martin, »du hast keines bekommen! Nun, wenn ich es dir versprochen habe, dann will ich es dir auch geben! – Dreh dich um!« Gehorsam kehrte der Arme das Gesicht zur Tür. Martin aber legte seinen Fellmantel ab, zog rasch sein eigenes Hemd aus und warf den Mantel wieder über.

»So, du kannst dich wieder umdrehen!«, sagte er zu dem Zerlumpten. »Hier hast du das versprochene Hemd.« Damit reichte er ihm das eigene. »Nun lass mich bitte allein!« Der Arme wollte noch danken, aber Martin schob ihn zur Tür hinaus.

Vor der Tür riss der Mann sich die Lumpen ab und legte das Hemd des Bischofs an. Im neuen Hemd betrat er stolz die Kirche, um dem feierlichen Amt beizuwohnen.

Kurz nachdem der Arme Martins Zelle verlassen hatte, betrat der Armenpfleger sie von der Kirche her. »Es ist Zeit, Martin«, sagte er, »wir müssen anfangen; die Gläubigen warten.«

Martin antwortete: »Und der Arme wartet auf sein Hemd!«

Verärgert riss der Armenpfleger die Tür auf und schaute hinaus. »Es ist kein Armer mehr da!«, wandte er sich wieder Martin zu.

»Doch«, antwortete Martin, »der Arme wartet noch immer auf sein Hemd!«

»Ich weiß«, sagte der Armenpfleger, »ich habe ihn vergessen – ein Hemd kostet Geld und wir haben nicht mehr viel.«

Martin schaute den Armenpfleger an; er lächelte: »Ich kann nicht eher beginnen, bis der Arme sein Hemd hat.«

Der Armenpfleger biss sich auf die Unterlippe. Schnell verließ er die Zelle. Bei einem Händler kaufte er ein sehr schlechtes und billiges Hemd. Mit diesem Hemd kehrte er zu Martin zurück. »Hier ist das Hemd für den Armen. Ich kann ihn nirgendwo finden.«

»Ich weiß, wo er ist«, sagte Martin. »Nun geh, ich werde sofort kommen.«

Der Armenpfleger verließ die Zelle. Martin legte seinen Mantel ab und zog das Hemd über. Dann betrat er die Kirche.

Entsetzt sah der Armenpfleger, wie Martin mit dem schlechten und billigen Hemd bekleidet durch die Reihen der Gläubigen schritt.

Beschämt schob sich der Armenpfleger durch die wartende Menge zum Ausgang hin. Dicht bei der Tür kniete er nieder und verbarg das Gesicht in den Händen. Nicht weit von ihm reckte sich ein Armer auf die Zehenspitzen, um den Bischof Martin zu sehen, dessen Hemd er anhatte.

Das Hemd des Martin dürfen wir uns allerdings nicht so vorstellen wie unsere heutigen Hemden. Martin hat wahrscheinlich die römische Tunika getragen. Mit einer solchen Tunika konnte man sich schon zeigen. Sie entspricht ungefähr dem Chorhemd unserer Geistlichen. Wenn die Bischöfe heute mit Bischofsmütze und Krummstab gehen, dann tragen sie ein ähnliches Kleidungsstück, das Tunicella genannt wird.

Während seines ganzen Lebens hat Martin sehr viel für die Armen getan. Für sich behielt er immer nur so viel, wie er notwendig brauchte, und auch das oft nicht einmal. Schon als

Soldat gab er alles fort, und in Marmoutier beklagten sich die Mönche, dass Martin sie zu knapp halte, um das Ersparte den Armen zu geben.

Diese Freigebigkeit spiegelt sich noch heute in einem ländlichen Brauch wider: Zu Sankt Martin soll man nämlich jedem Armen etwas schenken, aber – und nun kommt die Kehrseite – man soll ihm gleichzeitig einen Backenstreich geben. Dieser Backenstreich gilt als Aufmunterung, nicht in der Armut zu verharren.

Hans Peter Richter

Winternacht

Es war einmal eine Glocke,
die machte baum, baum …
Und es war einmal eine Flocke,
die fiel dazu wie im Traum …

Die fiel dazu wie im Traum …
Die sank so leis hernieder,
wie ein Stück Engleingefieder
aus dem silbernen Sternenraum.

Es war einmal eine Glocke,
die machte baum, baum …
Und dazu fiel eine Flocke,
so leis als wie ein Traum …

So leis als wie ein Traum …
Und als vieltausend gefallen leis,
da war die ganze Erde weiß,
als wie von Engleinflaum.

Da war die ganze Erde weiß,
als wie von Engleinflaum.

Christian Morgenstern

Der Bratapfel

Kinder, kommt und ratet,
was im Ofen bratet!
Hört, wie's knallt und zischt.
Bald wird er aufgetischt,
der Zipfel, der Zapfel,
der Kipfel, der Kapfel,
der gelbrote Apfel.

Kinder, lauft schneller,
holt einen Teller,
holt eine Gabel!
Sperrt auf den Schnabel
für den Zipfel, den Zapfel,
den Kipfel, den Kapfel,
den goldbraunen Apfel!

Sie pusten und prusten,
sie gucken und schlucken,
sie schnalzen und schmecken,
sie lecken und schlecken
den Zipfel, den Zapfel,
den Kipfel, den Kapfel,
den knusprigen Apfel.

Fritz und Emilie Kögel

Christkind im Walde

Christkind kam in den Winterwald,
der Schnee war weiß, der Schnee war kalt.
Doch als das heil'ge Kind erschien,
fing's an im Winterwald zu blühn.

Christkindlein trat zum Apfelbaum,
erweckt' ihn aus dem Wintertraum.
»Schenk Äpfel süß, schenk Äpfel zart,
schenk Äpfel mir von aller Art!«

Der Apfelbaum, er rüttelt' sich,
der Apfelbaum, er schüttelt' sich,
da regnet's Äpfel ringsherum;
Christkindleins Taschen wurden schwer.

Die süßen Früchte alle nahm's,
und also zu den Menschen kam's.
Nun, holde Mäulchen, kommt, verzehrt,
was euch Christkindlein hat beschert!

Ernst von Wildenbruch

Die Geschichte von den Lebkuchen

Das ist nun schon viele hundert Jahre her, da hat in Nürnberg, der berühmten Stadt, ein dicker runder Bäckermeister gewohnt. Aber nicht nur aufs Backen verstand er sich, er war auch ein grundguter Kerl. Und das Herz tat ihm immer weh, alle Jahre, wenn es auf Sankt Niklaustag oder die Weihnacht zuging. »Du liebes Christkind«, brummelte er, »was soll ich diesmal nur Leckeres backen, dass du es den Kindern bringst? Immer Brot und nur Brot und nichts als Brot, das geht doch nicht! Ach, was mach ich nur, ich armer, dicker, runder Bäckermeister?«

Und er besann sich hin, besann sich her. Dann aber – die Hagebutten wurden schon rot und die Haselnüsse braun und der Wind schüttelte die Kastanien von den Bäumen – kaufte er sich ein Notizbuch, packte seine Siebensachen und befahl der Katze, sie solle die Mäuse kurz halten, damit sie ihm nicht das ganze Mehl für die Weihnachtsbäckerei wegfräßen. »Denn ich will doch sehen, was es sonst noch zu backen gibt als Brot und immer noch mal Brot.« Und er schloss die Tür hinter sich ab und wanderte hinaus in die weite Welt.

Zuerst kam der dicke runde Bäckermeister nach Regensburg. Aber so viel er sich auch umschaute, hier gab es nur Brot und Regensburger Würstchen. Nichts für mich!, dachte er und machte, dass er nach München kam. Aber die Münchener Salzbrezel, damit konnte er nun mal gar nichts anfangen. Zu Weihnachten Salzbrezel? Nein, das wäre ja noch schöner!

Und so tippelte der dicke runde Bäckermeister weiter und immer noch war sein Notizbuch leer. Nach Frankfurt kam er, da machten sie nur Frankfurter Würstchen und Apfelwein. Und sogar in der Kaiserstadt Aachen gab es die Aachener Printen damals noch nicht. Und auch in Köln nur Käsebrötchen, die »Halbe Hähne« hießen, und nicht mal in Amsterdam backten die Leute Spekulatius. Aber der Bäckermeister ließ den Mut nicht sinken und wanderte ostwärts. Und da erlebte er denn auch kein blaues Wunder. Die große Stadt Berlin, ja, die stand damals noch gar nicht! Nur Wald und Sumpf. Und in dem Wald traf er einen alten, uralten Einsiedler. Der aber lebte von Eicheln und Haselnüssen. »Am besten gehen Sie mal nach Wien«, sagte der Einsiedler zu dem Bäckermeister. »Da soll's Wiener Würstchen geben, fabelhaft!«

Aber der dicke runde Bäckermeister hatte nun genug. Es hilft alles nichts, dachte er, ich will lieber zurück nach Nürnberg! Und er wanderte einen Tag um den andern. Da endlich kam er in die böhmischen und bayrischen Wälder. Und als es dann Abend wurde und Nacht, traf er zum Glück auf ein Häuschen. Das stand tief unter den dunklen Fichten. Und dicht neben dem Häuschen war ein großer, schwarz verräucherter Backofen. Oh, so etwas gefiel dem dicken runden Bäckermeister! Und er klopfte bei dem Häuschen an, klopfte noch einmal und noch einmal. Da endlich schluffte es drinnen. Die Tür ging auf, und darin stand eine alte, uralte Frau, die krexte:

»Mitten in der Nacht? Das sind mir ja feine Manieren! Ich bin nämlich die Waldfrau und mit mir ist nicht gut Kirschen essen!« So schimpfte sie, fuchtelte mit ihrem Krückstock und wackelte mit dem Hals wie ein Krautkopf.

»Keine Angst, Mütterchen«, sagte der brave Bäckermeister. »Ich bin müde vom langen Weg. Ein Eckchen auf der Ofenbank habt Ihr sicher für mich?«

»Und Hunger hast du wohl auch?«, kreischte die Alte. »Scher dich! Ich hab nichts wie Lebkuchen und Pfeffernüsse, und du glaubst gar nicht, wie satt ich es bin, das süße Zeug!«

Der Bäckermeister riss Mund und Augen auf. »Was habt Ihr? Süßen Lebkuchen und süße Pfeffernüsse? Sagt das noch einmal!«

»Du hast wohl Rattennester in den Ohren?«, giftete sich die Waldfrau. »Lebkuchen und Pfeffernüsse! Pfeffernüsse und Lebkuchen, Lebkuchen und Pfeffernüsse!«

Dem Bäckermeister rollten vor Freude die dicken Tränen herab. »Dann ist ja alles gut«, sagte er, »ich hab nämlich nur Brot!«

»Was hast du?«, schrie die Alte. »Bist du verrückt? Brot hast du? Ich weiß nicht einmal, was Brot ist! Sag, ist das süß oder sauer?«

»Brot? Das ist mehr sauer«, sagte der Bäcker.

»Sauer?«, rief die Waldfrau. »Sauer ist Brot? Oh, wie mich leckert, wie mich leckert nach diesem Brot!« Und sie packte ihn bei der Hand und riss ihn in den Hausflur, dass er fast längelang hingeschlagen wäre.

Bald aber saßen sie zusammen auf der Herdbank. Der dicke runde Bäckermeister kramte alles, was er zu essen bei sich hatte, aus der Tasche. Die Alte stopfte das Brot Brocken für Brocken in den Mund, schluckte und schlang wie ein Wolf, schmatzte und druckste. Und der Bäcker verdrehte die Augen vor Wonne und aß süße Lebkuchen und Pfeffernüsse.

»Nun hab ich's, wonach ich suchte«, sagte er, »und brauche nicht mehr durch die ganze Welt zu rennen. Denn du, Waldfrau, sagst mir doch gewiss, wie man die Dinger mischt und mengt, buddelt und knudelt. Und wie viel Zucker und Salz, Butter und Schmalz, Pfeffer und Zimt und was sonst dazu gehört. Dafür verrate ich dir das mit dem Brot!«

Da freute sich die Alte, tanzte wie ein Brummkreisel im Häuschen herum, verlangte neues Brot, mampfte und pampfte, und zwischendurch wisperte sie dem Bäckermeister zu, wie man Lebkuchen und Pfeffernüsse backt. Der dicke runde Bäckermeister aber hatte bald sein Notizbuch voll geschrieben. Und die Rezepte für sechserlei Brot hatte er der Waldfrau mit Kreide auf die Tür gekrakelt.

Früh am andern Morgen dann wanderte er weiter und kam gerade heim, als es zu weihnachten anfing. Zu Hause war auch alles in schönster Ordnung. Die Katze war auf dem Posten gewesen und die Mäuse hatten keine guten Tage bei ihr gehabt, gut und schneeweiß war das Mehl.

Und noch am selben Tag ging das Backen an: Lebkuchen und Pfeffernüsse und noch einmal Lebkuchen und Pfeffernüsse.

Und ein großes Verwundern kam über die Stadt Nürnberg. Denn alle Abende, sowie es dunkelte, ging's los, klingklang, durch alle Gassen. Das waren die Weihnachtsengel mit ihren Schlitten. Kam einer mit einem vollen Sack aus dem Bäckerladen, so hielt schon der nächste brr! sein Pferdchen an und stieg aus. Ein Duft aber nach süßem Backwerk und Engelsflügeln hing über der Stadt. Und tausend Heiligenscheine glitzerten blau, silbern und golden durch den Schnee.

Seht, so kamen die Nürnberger Lebkuchen und die Pfeffernüsse in die Welt und in jedes Weihnachtshaus.

Wilhelm Matthießen

Vom Honigkuchenmann

Keine Puppe will ich haben –
Puppen gehn mich gar nichts an.
Was erfreun mich kann und laben,
Ist ein Honigkuchenmann,
So ein Mann mit Leib und Kleid
Durch und durch von Süßigkeit.

Stattlicher als eine Puppe
Sieht ein Honigkerl sich an,
Eine ganze Puppengruppe
Mich nicht so erfreuen kann.
Aber seh ich recht dich an,
Dauerst du mich, lieber Mann.

Denn du bist zum Tod erkoren –
Bin ich dir auch noch so gut,
Ob du hast ein Bein verloren,
Ob das andre weh dir tut:
Armer Honigkuchenmann,
Hilft dir nichts, du musst doch dran!

A. H. Hoffmann von Fallersleben

Schnüpperle backt Pfefferkuchen

In der Adventszeit muss Pfefferkuchen im Haus sein, sagt Mutter immer, deshalb backt sie heute. Noch nicht alles, nur so zum Kosten und Knabbern.

»Pfefferkuchen schmeckt vor Weihnachten ohnehin am besten«, behauptet Vater.

Mutter lacht. »Und wer langt an den Feiertagen am meisten zu?«, fragt sie.

»Schnüpperle«, sagt Vater.

»Gar nicht wahr, du futterst am meisten. Und immer sagst du: das ist der letzte, sonst werd ich zu dick.«

»Sag ich das?«

»Ja, und dann nimmst du doch wieder einen.«

»Den allerletzten«, sagt Vater.

»Und dann den allerallerletzten!«, sagt Schnüpperle. »Bis dir der Bauch wehtut.«

Als Vater gegangen ist, holt Mutter die Schüssel mit dem braunen Pfefferkuchenteig aus dem Keller. Sie schneidet einen dicken Klumpen heraus und Schnüpperle bekommt ein Stück davon ab. Er kann damit backen, was er will.

»Ich mach einen Hund«, sagt Schnüpperle.

Mutter rollt ihm den Teig platt, dann nimmt sie sich ihren Klumpen vor. Sie sticht Herzen mit der Form heraus und Sterne und Halbmonde. Schnüpperle müht sich derweil mit dem Teigschaber ab.

»Ich glaube, ein Hund ist zu schwer«, sagt Schnüpperle. »Ich krieg den Kopf nicht richtig hin und die Beine sind viel zu lang, wie 'n Pferd!«

»Hals hat er auch keinen«, sagt Mutter.

»Was könnte ich denn sonst machen?«

»Ich wüßte was Einfaches, aber ob es dir gefällt …«

»Was denn?«

»Einen Schneemann.«

»Einen Schneemann? Aber braunen Schnee gibt's doch gar nicht«, sagt Schnüpperle.

»Wir könnten deinen Schneemann aber mit weißem Zuckerguss bestreichen.«

»O ja! Und die Augen?«

»Haselnüsse.«

»O ja! Und die Knöpfe auf dem Bauch?«

»Mandeln.«

»O ja! Und die Nase?«

»Ein Stückchen Zitronat.«

»O ja!« Schnüpperle knautscht den Teig zusammen und Mutter rollt ihn wieder aus. Dann hilft Mutter mit.

Schnüpperle sticht eigentlich nur den Bauch aus. Brust, Kopf und Arme formt Mutter. Aber die Arme sind auch besonders schwer anzukneten, weil der Schneemann sie in die Seiten stemmt.

Ganz vorsichtig legt Mutter den Teigmann aufs Backblech und schiebt ihn in den Ofen. Nach fünf Minuten sieht sie nach, wie weit der Schneemann ist. Schnüpperle darf auch gucken.

»Ooch, ist der aber dick geworden! Der bläst sich ja auf wie 'n Luftegong.«

»Luftballon heißt es.«

»Weiß ja, aber ich hab doch immer so gesagt, als ich noch klein war.«

Mutter rührt schnell Puderzucker mit Wasser an. Jetzt ist der Schneemann auch fertig gebacken. Mit dem Messer nimmt sie ihn vom Blech ab. Schnüpperle wartet schon mit dem Pinsel. Er taucht ihn in den Zuckerbrei und bestreicht den braunen Mann. Mutter setzt zwei Haselnussaugen ins Gesicht und eine spitze grüne Zitronatnase. Schnüpperle drückt die Mandelknöpfe auf den dicken Bauch.

»Ooch, sieht der hübsch aus!«, sagt Schnüpperle. »Bloß gut, dass ich keinen Hund gemacht habe, den hätte ich nicht so gut gekonnt.«

»Jetzt muss er trocknen«, sagt Mutter. Sie legt den Schneemann beiseite, damit sie weiter Herzen und Sterne ausstechen kann.

Alle Augenblicke fragt Schnüpperle:

»Ist er jetzt trocken?«

»Nein, noch nicht.«

»Jetzt?«

»Nein. Warum hast du's denn so eilig?«

»Weil ich mich freue, dass er mir so gut geraten ist. Wo stelle ich ihn bloß hin, damit ihn viele sehen können? Ans Fenster?«

»Am Fenster ist es zu feucht, da wird er weich und fällt zusammen. Aber ich wüsste was«, sagt Mutter.

»Wohin denn?«

»Wir hängen ihn zwischen die grünen Zweige am Treppengeländer, da sieht ihn auch jeder, der zu uns kommt.«

»O ja! Aber wie hängen wir ihn denn auf? Kloppen wir einen Nagel durch?«

Mutter überlegt. »Ich weiß«, sagt sie. »Wir binden ihm eine Schleife um den Bauch und hängen ihn hinten daran auf.«

»Ja?«, fragt Schnüpperle. »Ja? Aber einen Schneemann mit Schleife um den Bauch habe ich überhaupt noch nicht gesehen.«

»Unserer ist ja auch ein ganz besonderer. Er schmilzt nicht, er riecht gut und schmeckt süß. Da kann er ruhig eine Schleife haben.«

»O ja!«, sagt Schnüpperle, »er ist ein richtiger Pfefferkuchenweihnachtsschneemann.«

Barbara Bartos-Höppner

Geschichte eines Pfefferkuchenmannes

Es war einmal ein Pfefferkuchenmann,
von Wuchse groß und mächtig,
und was seinen innern Wert betraf,
so sagte der Bäcker: »Prächtig.«

Auf dieses glänzende Zeugnis hin
erstand ihn der Onkel Heller
und stellte ihn seinem Patenkind,
dem Fritz, auf den Weihnachtsteller.

Doch kaum war mit dem Pfefferkuchenmann
der Fritz ins Gespräch gekommen,
da hatte er schon – aus Höflichkeit –
die Mütze ihm abgenommen.

Als schlafen ging der Pfefferkuchenmann,
da bog er sich krumm vor Schmerze:
an der linken Seite fehlte fast ganz
sein stolzes Rosinenherze!

Als Fritz tags drauf den Pfefferkuchenmann
besuchte, ganz früh und alleine,
da fehlten, o Schreck, dem armen Kerl
ein Arm schon und beide Beine!

Und wo einst saß am Pfefferkuchenmann
die mächtge Habichtsnase,
da war ein Loch! Und er weinte still
eine bräunliche Sirupblase.

Von nun an nahm der Pfefferkuchenmann
ein reißendes, schreckliches Ende:
Das letzte Stückchen kam schließlich durch Tausch
in Schwester Margretchens Hände.

Die kochte als sorgliche Hausfrau draus
für ihre hungrige Puppe
auf ihrem neuen Spiritusherd
eine kräftige, leckere Suppe.

Und das geschah dem Pfefferkuchenmann,
den einst so viele bewundert
in seiner Schönheit bei Bäcker Schmidt,
im Jahre neunzehnhundert.

Jean Paul Richter

Der Baum,
der da grünet allezeit

Tannengeflüster

Wenn die ersten Fröste knistern,
in dem Wald bei Bayrisch-Moos,
geht ein Wispern und ein Flüstern
in den Tannenbäumen los.
Ein Gekicher und Gesumm
ringsherum.

Eine Tanne lernt Gedichte,
eine Lärche hört ihr zu.
Eine dicke alte Fichte
sagt verdrießlich: Gebt doch Ruh!
Kerzenlicht und Weihnachtszeit
sind noch weit!

Vierundzwanzig lange Tage
wird gekräuselt und gestutzt,
und das Wäldchen ohne Frage
wunderhübsch herausgeputzt.
Wer noch fragt: Wieso? Warum?
Der ist dumm.

Was das Flüstern hier bedeutet,
weiß man selbst im Spatzennest:
Jeder Tannenbaum bereitet
sich nun vor aufs Weihnachtsfest.
Denn ein Weihnachtsbaum zu sein:
Das ist fein!

James Krüss

Der Tannenbaum

Draußen im Walde stand ein niedlicher kleiner Tannenbaum. Er hatte einen guten Platz; Sonne konnte er bekommen, Luft war genug da, und ringsumher wuchsen viele größere Kameraden, sowohl Tannen als Fichten. Der kleine Tannenbaum wünschte aber so sehnlich, größer zu werden! Er achtete nicht der warmen Sonne und der frischen Luft, er kümmerte sich nicht um die Bauernkinder, die da umhergingen und plauderten, wenn sie herausgekommen waren, um Erdbeeren und Himbeeren zu sammeln. Oft kamen sie mit einem ganzen Topf voll und hatten Erdbeeren auf einen Grashalm gereiht; dann setzten sie sich neben den kleinen Tannenbaum und sagten: »Nein! Wie niedlich klein ist der!« Das mochte der Baum gar nicht hören.

Im folgenden Jahre war er um einen bedeutenden Ansatz größer und das Jahr darauf war er um noch einen länger; denn an den Tannenbäumen kann man immer an den vielen Ansätzen, die sie haben, sehen, wie viele Jahre sie gewachsen sind.

»Oh, wäre ich doch so ein großer Baum wie die andern!«, seufzte das kleine Bäumchen; »dann könnte ich meine Zweige so weit umher ausbreiten und mit der Krone in die weite Welt hinausblicken! Die Vögel würden dann Nester in meinen Zweigen bauen, und wenn der Wind wehte, könnte ich so vornehm nicken, gerade wie die andern dort!«

Er hatte gar keine Freude am Sonnenschein, an den Vögeln und an den roten Wolken, die morgens und abends über ihn hinsegelten.

War es dann Winter und der Schnee lag weiß und funkelnd ringsumher, so kam häufig ein Hase angesprungen und setzte gerade über den kleinen Baum weg – oh, das war ihm so ärgerlich! – Aber zwei Winter vergingen, und im dritten war das Bäumchen so groß, dass der Hase um dasselbe herumlaufen

musste. Oh! Wachsen, wachsen, groß und alt werden; das ist doch das einzig Schöne in dieser Welt, dachte der Baum.

Im Herbste kamen immer Holzhauer und fällten einige der größten Bäume; das geschah jedes Jahr, und den jungen Tannenbaum, der nun ganz gut gewachsen war, schauerte dabei, denn die großen, prächtigen Bäume fielen mit Prasseln und Krachen zur Erde, die Zweige wurden ihnen abgehauen, die Bäume sahen ganz nackt, lang und schmal aus; sie waren fast nicht mehr zu erkennen. Aber dann wurden sie auf Wagen gelegt und Pferde zogen sie davon, aus dem Walde hinaus.

Wo sollten sie hin? Was stand ihnen bevor?

Im Frühjahr, als die Schwalben und Störche kamen, fragte der Baum: »Wisst ihr nicht, wohin sie geführt wurden? Seid ihr ihnen nicht begegnet?«

Die Schwalben wussten nichts, aber der Storch sah nachdenklich aus, nickte mit dem Kopfe und sagte: »Ja, ich glaube wohl! Mir begegneten viele neue Schiffe, als ich aus Ägypten flog; auf den Schiffen waren prächtige Mastbäume; ich darf annehmen, dass sie es waren; sie hatten Tannengeruch; ich kann vielmals grüßen; ja! Die prangen, die prangen!«

»Oh, wäre ich doch auch groß genug, um über das Meer hinfahren zu können! Wie ist denn eigentlich dieses Meer und wie sieht es aus?«

»Ja, das zu erklären ist zu weitläufig«, sagte der Storch, und damit ging er fort.

»Freue dich deiner Jugend!«, sagten die Sonnenstrahlen, »freue dich deines frischen Wachstums, des jungen Lebens, das in dir ist.«

Und der Wind küsste den Baum und der Tau weinte Tränen über ihn; aber das verstand der Tannenbaum nicht. Wenn es gegen die Weihnachtszeit ging, wurden ganz junge Bäume gefällt, Bäume, die oft nicht einmal so groß oder gleichen Alters mit diesem Tannenbaum waren, der weder Ruhe noch Rast hatte, sondern immer davonwollte. Diese jungen Bäume, und es waren grade die allerschönsten, behielten immer alle ihre

Zweige; sie wurden auf Wagen gelegt und Pferde zogen sie fort, aus dem Walde hinaus.

»Wohin sollen die?«, fragte der Tannenbaum. »Sie sind nicht größer als ich, vielmehr war einer da, der war viel kleiner! Weshalb behielten sie alle ihre Zweige? Wohin fahren sie?«

»Das wissen wir! Das wissen wir!«, zwitscherten die Sperlinge. »Unten in der Stadt haben wir in die Fenster gesehen! Wir wissen, wohin sie fahren! Oh, sie gelangen zur größten Pracht und Herrlichkeit, die man nur denken kann! Wir haben in die Fenster gesehen und haben wahrgenommen, dass sie mitten in der warmen Stube aufgepflanzt und mit den schönsten Sachen: vergoldeten Äpfeln, Honigkuchen, Spielzeug und vielen Hunderten von Lichtern geschmückt werden.«

»Und dann –?«, fragte der Tannenbaum und bebte an allen Zweigen. »Und dann? Was geschieht dann?«

»Ja, mehr haben wir nicht gesehen! Das war unvergleichlich.«

»Ob ich wohl auch bestimmt bin, diesen strahlenden Weg zu betreten?«, jubelte der Tannenbaum. »Das ist noch besser, als über das Meer zu ziehen! Wie leide ich an Sehnsucht! Wäre es doch Weihnachten! Nun bin ich groß und ausgewachsen, wie die andern, die im vorigen Jahre weggeführt wurden! – Oh, wäre ich erst auf dem Wagen! Wäre ich doch erst in der warmen Stube mit aller Pracht und Herrlichkeit! Und dann –? Ja, dann kommt noch etwas Besseres, noch weit Schöneres, weshalb würden sie uns sonst so schmücken! Es muß noch etwas Größeres, noch etwas Herrlicheres kommen –! Aber was? Oh, ich leide! Ich sehne mich, ich weiß selbst nicht, wie mir ist!«

»Freue dich unser!«, sagten Luft und Sonnenlicht; »freue dich deiner frischen Jugend im Freien!«

Aber er freute sich durchaus nicht und wuchs und wuchs; Winter und Sommer stand er grün; dunkelgrün stand er da; die Leute, die ihn sahen, sagten: »Das ist ein schöner Baum!« Und zur Weihnachtszeit wurde er vor allen zuerst gefällt. Die

Axt hieb tief durch das Mark; der Baum fiel mit einem Seufzer zu Boden; er fühlte einen Schmerz, eine Ohnmacht; er konnte gar nicht an irgendein Glück denken, er war betrübt, von der Heimat scheiden zu müssen, von dem Flecke, auf dem er emporgeschossen war; er wusste ja, dass er die lieben alten Kameraden, die kleinen Büsche und Blumen ringsumher nie mehr sehen würde, ja vielleicht nicht einmal die Vögel. Die Abreise war durchaus nicht angenehm.

Der Baum kam erst wieder zu sich selbst, als er, im Hofe mit andern Bäumen abgepackt, einen Mann sagen hörte: »Dieser hier ist prächtig. Wir brauchen nur diesen!«

Nun kamen zwei Diener in vollem Putz und trugen den Tannenbaum in einen großen, schönen Saal. Ringsumher an den Wänden hingen Bilder und neben dem Kachelofen standen große, chinesische Vasen mit Löwen auf den Deckeln; da gab es Schaukelstühle, seidene Sofas, große Tische voller Bilderbücher und Spielzeug für hundertmal hundert Taler – wenigstens sagten das die Kinder. Und der Tannenbaum wurde in ein großes, mit Sand gefülltes Gefäß gestellt; aber niemand konnte sehen, dass es ein Gefäß war, denn es wurde rundherum mit grünem Zeuge behängt und stand auf einem großen bunten Teppich. Oh, wie der Baum bebte! Was wird nun wohl vorgehen? Sowohl die Diener als die Fräulein schmückten ihn. An seine Zweige hängten sie kleine Netze, ausgeschnitten aus farbigem Papier; jedes Netz war mit Zuckerwerk gefüllt; vergoldete Äpfel und Nüsse hingen herab, als wären sie festgewachsen, und über hundert rote, blaue und weiße Lichterchen wurden in den Zweigen festgesteckt. Puppen, die leibhaftig wie Menschen aussahen – der Baum hatte früher nie solche gesehen –, schwebten im Grünen, und hoch oben auf der Spitze wurde ein Stern von Flittergold befestigt; das war prächtig, ganz außerordentlich prächtig.

»Heut Abend«, sagten alle, »heut Abend wird er strahlen!«

Oh!, dachte der Baum, wäre es doch Abend! Würden nur die Lichter bald angezündet! Und was dann wohl geschieht?

Ob da wohl Bäume aus dem Walde kommen, mich zu sehen? Ob die Sperlinge gegen die Fensterscheiben fliegen? Ob ich hier festwachse und Winter und Sommer geschmückt stehen werde? Ja, er riet nicht übel! Aber er hatte ordentlich Borkenschmerzen vor lauter Sehnsucht und Borkenschmerzen sind für einen Baum ebenso schlimm wie Kopfschmerzen für uns andere.

Nun wurden die Lichter angezündet. Welcher Glanz! Welche Pracht! Der Baum bebte dabei an allen Zweigen so, dass eins der Lichter das Grüne anbrannte; es sengte ordentlich.

»Gott bewahre uns!«, schrien die Fräulein und löschten es hastig aus. Oh, das war ein Grauen! Ihm war so bange, etwas von seinem Schmuck zu verlieren; er war ganz betäubt von all dem Glanze. – Und nun gingen beide Flügeltüren auf – und eine Menge Kinder stürzten herein, als wollten sie den ganzen Baum umwerfen; die älteren Leute kamen bedächtig nach. Die Kleinen standen ganz stumm – aber nur einen Augenblick, dann jubelten sie wieder, dass es nur so schallte, sie tanzten um den Baum herum, und ein Geschenk nach dem anderen wurde abgepflückt.

Was machen sie?, dachte der Baum. Was soll geschehen? Und die Lichter brannten bis dicht an die Zweige herunter, und je nachdem sie niederbrannten, wurden sie ausgelöscht, und dann erhielten die Kinder Erlaubnis, den Baum zu plündern. Oh, sie stürzten auf ihn ein, dass es in allen Zweigen knackte; wäre er nicht mit der Spitze und mit dem Goldstern an der Decke befestigt gewesen, so wäre er umgestürzt. Die Kinder tanzten mit ihrem prächtigen Spielzeuge herum. Niemand sah nach dem Baume, ausgenommen das alte Kindermädchen, welches kam und zwischen die Zweige blickte, aber nur, um zu sehen, ob nicht noch eine Feige oder ein Apfel vergessen worden wäre.

»Eine Geschichte! Eine Geschichte!«, riefen die Kinder und zogen einen kleinen dicken Mann zu dem Baume hin; und er setzte sich grade unter denselben, »denn da sind wir im Grünen«, sagte er, »und der Baum kann besondern Nutzen davon haben, zuzuhören! Aber ich erzähle nur eine Geschichte. Wollt ihr die von Ivede-Avede oder die von Klumpe-Dumpe hören, der die Treppe hinunterfiel und doch zu Ehren kam und die Prinzessin erhielt?«

»Ivede-Avede!«, schrien einige, »Klumpe-Dumpe!«, schrien andere; das war ein Rufen und Schreien! Nur der Tannenbaum schwieg ganz still und dachte: Komme ich gar nicht mit, werde ich nichts dabei zu tun haben? Er war ja mit gewesen, hatte ja geleistet, was er sollte.

Und der Mann erzählte von Klumpe-Dumpe, welcher die Treppen hinunterfiel und doch zu Ehren kam und die Prinzessin erhielt. Und die Kinder klatschten in die Hände und riefen: »Erzähle, erzähle!« Sie wollten auch die Geschichte von Ivede-Avede hören, aber sie bekamen nur die von Klumpe-Dumpe. Der Tannenbaum stand ganz stumm und gedankenvoll: Nie hatten die Vögel im Walde dergleichen erzählt. Klumpe-Dumpe fiel die Treppen herunter und bekam doch die Prinzessin! Ja, ja, so geht es in der Welt zu!, dachte der Tannenbaum und glaubte, dass es wahr sei, weil es ein so netter Mann war, der es erzählte! Ja, ja! Wer kann es wissen! Vielleicht falle ich auch die Treppe hinunter und bekomme eine Prinzessin. Und er freute sich darauf, den nächsten Tag wieder mit Lichtern und Spielzeug, Gold und Früchten angeputzt zu werden.

Morgen werde ich nicht zittern!, dachte er. Ich will mich recht aller meiner Herrlichkeit freuen. Morgen werde ich wieder die Geschichte von Klumpe-Dumpe und vielleicht auch die von Ivede-Avede hören. Und der Baum stand die ganze Nacht still und gedankenvoll.

Am Morgen kamen die Diener und das Mädchen herein. Nun beginnt das Schmücken aufs Neue!, dachte der Baum. Aber sie schleppten ihn zum Zimmer hinaus, die Treppe hinauf auf den Boden, und hier, in einem dunklen Winkel, wo kein Tageslicht hinschien, stellten sie ihn hin. Was soll das bedeuten?, dachte der Baum. Was soll ich hier wohl machen?

Was mag ich hier wohl hören sollen? Und er lehnte sich an die Mauer und dachte und dachte. Und er hatte Zeit genug; denn es vergingen Tage und Nächte: Niemand kam hinauf; und als endlich jemand kam, so geschah es, um einige große Kisten in den Winkel zu stellen. Nun stand der Baum ganz versteckt; man musste glauben, dass er völlig vergessen war.

Jetzt ist es Winter draußen!, dachte der Baum. Die Erde ist hart und mit Schnee bedeckt, die Menschen können mich jetzt nicht pflanzen! Deshalb soll ich wohl bis zum Frühjahr hier im Schutze stehen! Wie wohl bedacht das ist! Wie die Menschen doch so gut sind! – Wäre es hier nur nicht so dunkel und so schrecklich einsam! – Nicht einmal ein kleiner Hase! – Das war doch so niedlich da draußen im Walde, wenn der Schnee lag und der Hase vorübersprang; ja, selbst als er über mich hinwegsprang; aber damals konnte ich es nicht leiden. Hier oben ist es doch schrecklich einsam!

»Piep, piep!«, sagte da eine kleine Maus und huschte hervor; und dann kam noch eine kleine. Sie beschnüffelten den Tannenbaum und dann schlüpften sie zwischen seine Zweige.

»Es ist eine gräuliche Kälte!«, sagten die kleinen Mäuse. »Sonst ist es hier gut sein! Nicht wahr, du alter Tannenbaum?«

»Ich bin gar nicht alt!«, sagte der Tannenbaum, »es gibt viele, die weit älter sind als ich!«

»Wo kommst du her?«, fragten die Mäuse. »Und was weißt du?« Sie waren gewaltig neugierig. »Erzähle uns doch von dem schönsten Orte auf Erden. Bist du dort gewesen? Bist du in der Speisekammer gewesen, wo Käse auf den Brettern liegen und Schinken unter der Decke hängen, wo man auf Talglicht tanzt, mager hineingeht und fett herauskommt?«

»Das kenne ich nicht!«, sagte der Baum. »Aber den Wald kenne ich, wo die Sonne scheint und wo die Vögel singen!« Und dann erzählte er alles aus seiner Jugend, und die kleinen Mäuse hatten früher dergleichen nie gehört und sie horchten auf und sagten: »Nein, wie viel du gesehen hast! Wie glücklich du gewesen bist!«

»Ich?«, sagte der Tannenbaum und dachte über das, was er selber erzählte, nach. »Ja, es waren im Grunde ganz fröhliche Zeiten!« – Aber dann erzählte er vom Weihnachtsabend, wo er mit Kuchen und Lichtern geschmückt war.

»Oh!«, sagten die kleinen Mäuse. »Wie glücklich du gewesen bist, du alter Tannenbaum!«

»Ich bin gar nicht alt«, sagte der Baum. »Erst diesen Winter bin ich vom Walde gekommen! Ich bin nur so im Wachstum zurückgeblieben.«

»Wie schön du erzählst!«, sagten die kleinen Mäuse. Und in der nächsten Nacht kamen sie mit vier andern kleinen Mäusen, die den Baum erzählen hören sollten, und je mehr er erzählte, desto deutlicher erinnerte er sich an alles und dachte: Es waren doch ganz fröhliche Zeiten! Aber sie können wieder kommen; Klumpe-Dumpe fiel die Treppe hinunter und erhielt die Prinzessin; vielleicht kann ich auch eine Prinzessin bekommen! Und da dachte der Tannenbaum an eine kleine niedliche Birke, die draußen im Walde wuchs; das war für den Tannenbaum eine wirkliche, schöne Prinzessin.

»Wer ist Klumpe-Dumpe?«, fragten die kleinen Mäuse. Und dann erzählte der Tannenbaum das ganze Märchen; er konnte sich jedes einzelnen Wortes entsinnen, und die kleinen Mäuse waren nahe daran, aus reiner Freude bis an die Spitze des Baumes zu springen. In der folgenden Nacht kamen weit mehr Mäuse und am Sonntage sogar zwei Ratten; aber die meinten, die Geschichte sei nicht hübsch, und das betrübte die kleinen Mäuse, denn nun hielten sie auch weniger davon.

»Wissen Sie nur die eine Geschichte?«, fragten die Ratten.

»Nur die eine!«, sagte der Baum. »Die hörte ich an meinem glücklichsten Abend; damals dachte ich nicht daran, wie glücklich ich war.«

»Das ist eine höchst jämmerliche Geschichte! Wissen Sie keine von Speck oder Talglicht? Keine Speisekammergeschichte?«

»Nein!«, sagte der Baum.

»Dann danken wir dafür!«, erwiderten die Ratten und gingen zu den Ihrigen zurück.

Die kleinen Mäuse blieben zuletzt auch weg, und da seufzte der Baum: »Es war doch ganz hübsch, als sie um mich herumsaßen, die beweglichen kleinen Mäuse, und zuhörten! Nun ist auch das vorbei! – Aber ich werde daran denken, mich zu freuen, wenn man mich wieder hervorholt!«

Aber wann geschah das? – Ja! Es war eines Morgens, da kamen Leute und wirtschafteten auf dem Boden; die Kisten wurden weggesetzt, der Baum wurde hervorgezogen; sie warfen ihn freilich ziemlich hart gegen den Fußboden, aber ein Diener schleppte ihn sogleich nach der Treppe hin, wo der Tag leuchtete. Nun beginnt das Leben wieder!, dachte der Baum; er fühlte die frische Luft, die ersten Sonnenstrahlen – und nun war er draußen im Hofe. Alles ging so geschwind; der Baum vergaß völlig, sich selbst zu betrachten; da war so vieles ringsumher zu sehen. Der Hof stieß an einen Garten und alles blühte darin; die Rosen hingen so frisch und duftend über das kleine Gitter hinaus, die Lindenbäume blühten, und die Schwalben flogen umher und sagten: »Quirre-virre-vit, mein Mann ist gekommen!« Aber es war nicht der Tannenbaum, den sie meinten.

»Nun werde ich leben!«, jubelte dieser und breitete seine Zweige weit aus: aber ach, sie waren alle vertrocknet und gelb; und er lag da im Winkel zwischen Unkraut und Nesseln. Der Stern von Goldpapier saß noch oben an der Spitze und glänzte im hellen Sonnenschein.

Im Hofe selbst spielten einige von den munteren Kindern, die zur Weihnachtszeit den Baum umtanzt hatten und so fröhlich über ihn gewesen waren. Eins der kleinsten lief hin und riss den Goldstern ab.

»Sieh, was da noch an dem hässlichen, alten Tannenbaum sitzt!«, sagte es und trat auf die Zweige, so dass sie unter seinen Stiefeln knackten.

Und der Baum sah auf all die Blumenpracht und Frische im

Garten; er betrachtete sich selbst und wünschte, dass er in seinem dunklen Winkel auf dem Boden liegen geblieben wäre; er gedachte seiner frischen Jugend im Walde, des lustigen Weihnachtsabends und der kleinen Mäuse, die so munter die Geschichte von Klumpe-Dumpe angehört hatten.

»Vorbei! Vorbei!«, sagte der alte Baum. »Hätte ich mich doch gefreut, als ich es noch konnte! Vorbei! Vorbei!«

Und der Knecht kam und hieb den Baum in kleine Stücke; ein ganzes Bündel lag da; hell flackerte es auf unter dem großen Braukessel; und er seufzte tief und jeder Seufzer war einem kleinen Schusse gleich; deshalb liefen die Kinder, die da spielten, herbei und setzten sich vor das Feuer, blickten in dasselbe hinein und riefen: »Pfiff! Pfiff!« Aber bei jedem Knall, der ein tiefer Seufzer war, dachte der Baum an einen Sommertag im Walde oder an eine Winternacht da draußen, wenn die Sterne funkelten; er dachte an den Weihnachtsabend und an Klumpe-Dumpe, das einzige Märchen, welches er gehört hatte und zu erzählen wusste, und dann war der Baum verbrannt.

Die Knaben spielten im Garten, und der kleinste hatte den Goldstern auf der Brust, den der Baum an seinem glücklichsten Abend getragen; und nun war der vorbei und mit dem Baum war es vorbei und mit der Geschichte auch; vorbei, vorbei – und so geht es mit allen Geschichten!

Hans Christian Andersen

Das Weihnachtsbäumlein

Es war einmal ein Tännelein,
mit braunen Kuchenherzlein
und Glitzergold und Äpflein fein
und vielen bunten Kerzlein:
Das war am Weihnachtsfest so grün,
als fing es eben an zu blühn.

Doch nach nicht gar zu langer Zeit,
da stand's im Garten unten,
und seine ganze Herrlichkeit
war, ach, dahingeschwunden.
Die grünen Nadeln war'n verdorrt,
die Herzlein und die Kerzlein fort.

Bis eines Tags der Gärtner kam,
den fror zu Haus im Dunkeln,
und es in seinen Ofen nahm –
hei! tat's da sprühn und funkeln!
Und flammte heim- und himmelwärts
in hundert Flämmlein an Gottes Herz.

Christian Morgenstern

Das Märchen von den
fünfundzwanzig Bohnenstangen

Da sind im tiefen Wald einmal fünfundzwanzig schöne Tannenbäumchen gewesen. Denen hat es nicht mehr gefallen im
grünen Wald, und sie haben gesagt: »Jetzt wollen wir in die
weite Welt gehen. Der Wald ist uns zu grün, der Wald ist uns
zu tief.« Und in einer Nacht, da haben die fünfundzwanzig
Tannenbäumchen ihre Wurzeln aus der Erde genommen und
sind in die weite Welt gegangen. Was waren das dumme Tannenbäumchen! Aber sie sind auch noch so jung gewesen und
haben gemeint, in der weiten Welt wär es schöner als im dunklen, grünen, tiefen Wald.

Und wie sie so durch die weite Welt gingen, da hatten sie auf einmal Hunger. Und sie sind in der Stadt in ein Gasthaus gegangen und wollten etwas zu essen haben. Da hat der Wirt ihnen eine Erbsensuppe gebracht. »O weh!«, haben die fünfundzwanzig Tannenbäumchen gesagt, »gibt es denn hier keinen Tau?«

»Nein, den gibt es nicht in der weiten Welt.«

Da haben die Tannenbäumchen die Erbsensuppe stehen lassen und sind weitergegangen. Und sie sind an ein Haus gekommen, daraus roch es so schön nach Tannenharz, und die fünfundzwanzig Tannenbäumchen sind nur so herumgesprungen vor Freude. Und dann haben sie an die Haustür geklopft. Und wie der Mann von dem Hause herausgekommen ist, da haben sie ihn gefragt:

> »Mann vom Häuschen Tannenharz,
> Können wir nicht bei dir wohnen?
> Wir wollen gern dein Häuschen kehren,
> Deine kleinen Kinder lehren,
> Erzählen von dem grünen Wald,
> Und im Winter, wenn es kalt,
> Dir den Ofen schüren …«

»Ei ja«, hat der Mann gesagt, »kommt nur hereinspaziert, zum Ofenschüren kann ich euch gerade brauchen.« Und er hat die Türe weit aufgemacht.

Da haben die Tännchen hineingeschaut in das Häuschen, da war das Haus eine Sägemühle. Da haben die Tännchen gesehen, wie in der Sägemühle die schönen dicken Tannen zersägt wurden. Und wie sie das gesehen haben, da sind sie schnell davongelaufen, die fünfundzwanzig Tännchen. Die ganze Nacht sind sie gelaufen. Und am Morgen sind sie so hungrig gewesen und so durstig, dass sie beinahe nicht mehr gehen konnten. Und sie haben sich ein bisschen auf die Straße gesetzt und haben geweint, dass sie nicht mehr im tiefen Walde waren. Und wie sie so an der Straße hockten, da ist ein Schutzmann gekommen, der hat gesagt:

»Hier darf man nicht stehen bleiben!«, und er hat sie fortgejagt.

Und die armen Tannenbäumchen sind schnell über einen Zaun gesprungen in einen Garten. Da ist gleich der Gärtner gekommen und hat gesagt:

»Ei, euch kann ich gerade brauchen! Ich will mir eine feine Tannenhecke machen!«

Und er hat geschwind eine Schaufel und eine große, große Schere geholt. Wie aber die Tännchen die große Schere gesehen haben, da haben sie sich sehr gefürchtet und sind wieder davongelaufen, sind den ganzen Tag gelaufen. Und in der Nacht hat es geschneit. Da ist es Winter gewesen. Und die armen Tännchen haben an ihren schönen Wald gedacht und haben gesagt: »Jetzt wollen wir wieder in den tiefen, grünen, dunklen Wald. Da gehen jetzt die Zwerge zwischen den Tannen her und die Frau Holle bestreut den grünen Wald mit weißem Schnee!« So haben sie gesagt und dann sind sie wieder umgegangen. Aber jetzt konnten sie den Wald nicht mehr finden, weil die Wege alle verschneit waren. Und sie haben sich auf ein Feld gesetzt und haben gelbes Harz geweint.

Und wie sie so geweint haben, da ist der Knecht Ruprecht dahergekommen. Der ist in der Stadt gewesen und hat des Abends durch die Fenster geguckt, ob die Kinder auch artig wären. Und er hat zu den fünfundzwanzig Tannenbäumchen gesagt:

»Was macht ihr dann so spät in der Nacht noch allein auf der Straße?«

»O guter Knecht Ruprecht«, haben die Tännchen gesagt, »wir sind aus dem grünen Wald in die weite Welt gegangen; und nun ist die weite Welt so hässlich, darum wollen wir wieder in unseren Wald. Aber nun finden wir den Weg nicht mehr!«

»Ja«, hat der Knecht Ruprecht gesagt, »das geschieht euch gerade recht! Warum seid ihr nicht in dem schönen grünen Wald geblieben? Aber der Wald ist weit und dahin kommt ihr jetzt doch nicht mehr zurück. Darum will ich euch mitnehmen!«

Und der gute Knecht Ruprecht hat alle in seinen großen Sack gesteckt, hat den Sack wieder auf seine Schultern getan und ist in den Himmel gegangen. Da haben ihm die Engel den Schnee vom Mantel abgeklopft, haben ihm die Stiefel ausgezogen und ihm dicke warme Pantoffeln gegeben. Damit ist der Knecht Ruprecht zum Christkind gegangen, hat die fünfundzwanzig Tannenbäumchen aus dem Sack auf die Erde geschüttet und hat gesagt:

»Hier, heiliges Christkind, hab ich dir ein paar Christbäume mitgebracht. Die sind fortgelaufen aus dem Wald und haben sich in der weiten Welt verirrt.«

Da hat sich das Christkind sehr gefreut. Und wie Weihnachten war, da hat es die fünfundzwanzig Tännchen alle mitgenommen, hat mit seinen Engeln bunte Kugeln daran gehängt und rotgelbe Äpfel und viele Kerzchen darauf gesteckt. Und da sind die fünfundzwanzig Bäumchen Christbäume gewesen. Und das Christkind hat sie den Kindern gebracht. Da haben sich die Kinder gefreut, da haben sich die Bäumchen gefreut.

Aber wie Weihnachten vorbei gewesen ist, da waren die Kerzchen abgebrannt. Da sind die bunten Kugeln fortgenommen worden von den Bäumchen, da sind die grünen Nadeln abgefallen von den Zweigen. Und die Tannenbäumchen sind in die Keller geworfen worden. Und keiner hat mehr an sie gedacht. Nur die Großmutter vom alten Haus, die hat ihre Märchenbrille auf die Nase gesetzt. Und da hat sie gesehen, wie die armen Bäumchen in den Kellern gelegen haben und traurig waren. Und sie hat ihr Hütchen aufgesetzt und ist zu den Leuten gegangen und hat ihnen alle Tannenbäumchen abgekauft. Da freuten sich die Tännchen, dass sie wieder zusammen waren. Und die Großmutter hat ihnen die trockenen Zweige abgeschnitten und da waren die fünfundzwanzig Tannenbäumchen fünfundzwanzig schöne lange Bohnenstangen.

Wilhelm Matthießen

Der Weihnachtsbaum

Von allen den Bäumen jung und alt,
Von allen den Bäumen groß und klein,
Von allen in unserm ganzen Wald,
Wer mag doch der allerschönste sein?

Der schönste von allen weit und breit,
Das ist doch allein, wer zweifelt dran?
Der Baum, der da grünet allezeit,
Den heute mir bringt der Weihnachtsmann.

Wenn alles schon schläft in stiller Nacht,
Dann holet er ihn bei Sternenschein
Und schlüpfet, eh' einer sich's gedacht,
Gar heimlich damit ins Haus hinein.

Dann schmückt er mit Lichtern jeden Zweig,
Hängt Kuchen und Nüss' und Äpfel dran:
So macht er uns alle freudenreich,
Der liebe, der gute Weihnachtsmann.

A. H. Hoffmann von Fallersleben

Der kleine Tannenbaum

Es war einmal ein kleiner Tannenbaum im tiefen Tannenwalde, der wollte so gerne ein Weihnachtsbaum sein. Aber das
ist gar nicht so leicht, als man das meistens in der Tannen-
gesellschaft annimmt, denn der heilige Nikolaus ist in der Be-
ziehung sehr streng und erlaubt nur den Tannen, als Weihnachtsbaum in Dorf und Stadt zu spazieren, die dafür ganz
ordnungsmäßig in seinem Buch aufgeschrieben sind. Das
Buch ist ganz schrecklich groß und dick, so wie sich das für
einen guten alten Heiligen geziemt, und damit geht er im
Walde herum in den klaren kalten Winternächten und sagt es
allen den Tannen, die zum Weihnachtsfeste bestimmt sind.
Und dann erschauern die Tannen, die zur Weihnacht erwählt
sind, vor Freude und neigen sich dankend. Und dazu leuchtet
des Heiligen Heiligenschein und das ist sehr schön und sehr
feierlich.

Und der kleine Tannenbaum im tiefen Tannenwalde, der
wollte so gerne ein Weihnachtsbaum sein.

Aber manches Jahr schon ist der heilige Nikolaus in den
klaren kalten Winternächten an dem kleinen Tannenbaum
vorbeigegangen und hat wohl ernst und geschäftig in sein erschrecklich großes Buch geguckt, aber auch nichts und gar
nichts dazu gesagt. Der arme kleine Tannenbaum war eben
nicht ordnungsmäßig vermerkt – und da ist er sehr, sehr traurig geworden und hat ganz schrecklich geweint, so dass es ordentlich tropfte von allen Zweigen.

Wenn jemand so weint, dass es tropft, so hört man das natürlich, und diesmal hörte das ein kleiner Wicht, der ein grünes Moosröcklein trug, einen grauen Bart und eine feuerrote
Nase hatte und in einem dunklen Erdloch wohnte. Das Männchen aß Haselnüsse, am liebsten hohle, und las Bücher, am
liebsten dicke, und war ein ganz boshaftes kleines Geschöpf.

Aber den Tannenbaum mochte es gerne leiden, weil es oft von ihm ein paar grüne Nadeln geschenkt bekam für sein gläsernes Pfeifchen, aus dem es immer blaue ringelnde Rauchwolken in die goldene Sonne blies – und darum ist der Wicht auch gleich herausgekommen, als er den Tannenbaum so jämmerlich weinen hörte, und hat gefragt:

»Warum weinst du denn so erschrecklich, dass es tropft?«

Da hörte der kleine Tannenbaum etwas auf zu tropfen und erzählte dem Männchen sein Herzeleid. Der Wicht wurde ganz ernst, und seine glühende Nase glühte so sehr, dass man befürchten konnte, das Moosröcklein finge Feuer, aber es war ja nur die Begeisterung, und das ist nicht gefährlich. Der Wichtelmann war also begeistert davon, dass der kleine Tannenbaum im tiefen Tannenwalde so gerne ein Weihnachtsbaum sein wollte, und sagte bedächtig, indem er sich aufrichtete und ein paar Mal bedeutsam schluckte:

»Mein lieber kleiner Tannenbaum, es ist zwar unmöglich, dir zu helfen, aber ich bin eben ich, und mir ist es vielleicht doch nicht unmöglich, dir zu helfen. Ich bin nämlich mit einigen Wachslichtern, darunter mit einem ganz bunten, befreundet, und die will ich bitten, zu dir zu kommen. Auch kenne ich ein großes Pfefferkuchenherz, das allerdings nur flüchtig – aber jedenfalls will ich sehen, was sich machen lässt. Vor allem aber weine nicht mehr so erschrecklich, dass es tropft.«

Damit nahm der kleine Wicht einen Eiszapfen in die Hand als Spazierstock und wanderte los durch den tiefen weiß verschneiten Wald, der fernen Stadt zu.

Es dauerte sehr, sehr lange, und am Himmel schauten schon die ersten Sterne der Heiligen Nacht durchs winterliche Dämmergrau auf die Erde hinab, und der kleine Tannenbaum war schon wieder ganz traurig geworden und dachte, dass er nun doch wieder kein Weihnachtsbaum sein würde. Aber da kam's auch schon ganz eilig und aufgeregt durch den Schnee gestapft, eine ganze kleine Gesellschaft: der Wicht mit dem Eiszapfen in der Hand und hinter ihm sieben Lichtlein – und auch eine Zündholzschachtel war dabei, auf der sogar was draufgedruckt war und die so kurze Beinchen hatte, dass sie nur mühsam durch den Schnee wackeln konnte.

Wie sie nun alle vor dem kleinen Tannenbaum standen, da räusperte sich der kleine Wicht im Moosröcklein vernehmlich, schluckte ein paar Mal gar bedeutsam und sagte:

»Ich bin eben ich – und darum sind auch alle meine Bekannten mitgekommen. Es sind sieben Lichtlein aus allervornehmstem Wachs, darunter sogar ein buntes, und auch die Zündholzschachtel ist aus einer ganz besonders guten Familie, denn sie zündet nur an der braunen Reibfläche. Und jetzt wirst du also ein Weihnachtsbaum werden. Was aber das große Pfefferkuchenherz betrifft, das ich nur flüchtig kenne, so hat es auch versprochen zu kommen, es wollte sich nur noch ein Paar warme Filzschuhe kaufen, weil es gar so kalt ist draußen im Walde. Eine Bedingung hat es freilich gemacht: es muss

gegessen werden, denn das müssen alle Pfefferkuchenherzen, das ist nun mal so. Ich habe schon einen Dachs benachrichtigt, den ich sehr gut kenne und dem ich einmal in einer Familienangelegenheit einen guten Rat gegeben habe. Er liegt jetzt im Winterschlaf, doch versprach er, als ich ihn weckte, das Pfefferkuchenherz zu speisen. Hoffentlich verschläft er's nicht!«

Als das Männchen das alles gesagt hatte, räusperte es sich wieder vernehmlich und schluckte ein paar Mal gar bedeutsam, und dann verschwand es im Erdloch. Die Lichtlein aber sprangen auf den kleinen Tannenbaum hinauf, und die Zündholzschachtel, die aus so guter Familie war, zog sich ein Zündholz nach dem anderen aus dem Magen, strich es an der braunen Reibfläche und steckte alle die Lichtlein der Reihe nach an. Und wie die Lichtlein brannten und leuchteten im tief verschneiten Walde, da ist auch noch keuchend und atemlos vom eiligen Laufen das Pfefferkuchenherz angekommen und hängte sich sehr freundlich und verbindlich mitten in den grünen Tannenbaum, trotzdem es nun doch die warmen Schuhe unterwegs verloren hatte und arg erschöpft war. Der kleine Tannenbaum aber, der so sehr ein Weihnachtsbaum sein wollte, der wusste nicht, wie ihm geschah, dass er nun doch ein Weihnachtsbaum war.

Am anderen Morgen aber ist der Dachs aus seiner Höhle gekrochen, um sich das Pfefferkuchenherz zu holen. Und wie er ankam, da hatten es die kleinen Englein schon gegessen, die ja in der Heiligen Nacht auf die Erde dürfen und die so gerne die Pfefferkuchenherzen speisen. Da ist der Dachs sehr böse geworden und hat sich bitter beklagt und ganz furchtbar auf den kleinen Tannenbaum geschimpft.

Dem aber war das ganz einerlei, denn wer einmal in seinem Leben seine Heilige Weihnacht gefeiert hat, den stört auch der frechste Frechdachs nicht mehr.

Manfred Kyber

Die Weihnachtsbäume

Nun kommen die vielen Weihnachtsbäume
Aus dem Wald in die Stadt herein.
Träumen sie ihre Waldesträume
Weiter beim Laternenschein?

Könnten sie sprechen! Die holden Geschichten
Von der Waldfrau, die Märchen webt,
Was wir uns alle erst erdichten,
Sie haben das alles wirklich erlebt.

Da stehn sie nun an den Straßen und schauen
Wunderlich und fremd darein,
Als ob sie der Zukunft nicht recht trauen;
Es muss doch was im Werke sein.

Aber, wenn sie dann in den Stuben
Im Schmuck der hellen Kerzen stehn
Und den kleinen Mädchen und Buben
In die glänzenden Augen sehn.

Dann ist ihnen auf einmal, als hätte
Ihnen das alles schon einmal geträumt,
Als sie noch im Wurzelbette
Den stillen Waldweg eingesäumt.

Dann stehen sie da, so still und selig,
Als wäre ihr heimlichstes Wünschen erfüllt,
Als hätte sich ihnen doch allmählich
Ihres Lebens Sinn enthüllt.

Als wären sie für Konfekt und Lichter
Vorherbestimmt und es müsste so sein,
Und ihre spitzen Nadelgesichter
Sehen ganz verklärt darein.

Gustav Falke

*Guter Nikolaus, komm
in unser Haus*

Knecht Ruprecht

Von drauß' vom Walde komm' ich her;
Ich muss euch sagen, es weihnachtet sehr!
Allüberall auf den Tannenspitzen
Sah ich goldene Lichtlein blitzen
Und droben aus dem Himmelstor
Sah mit großen Augen das Christkind hervor.
Und wie ich strolcht' durch den finstern Tann,
Da rief's mich mit heller Stimme an:
»Knecht Ruprecht«, rief es, »alter Gesell,
Hebe die Beine und spute dich schnell!

Die Kerzen fangen zu brennen an,
Das Himmelstor ist aufgetan,
Alt und Junge sollen nun
Von der Jagd des Lebens einmal ruhn,
Und morgen flieg' ich hinab zur Erden;
Denn es soll wieder Weihnachten werden!«
Ich sprach: »O lieber Herre Christ,
Meine Reise fast zu Ende ist;
Ich soll nur noch in diese Stadt,
Wo's eitel gute Kinder hat.«
    »Hast denn das Säcklein auch bei dir?«
Ich sprach: »Das Säcklein, das ist hier:
Denn Äpfel, Nuss und Mandelkern
Essen fromme Kinder gern.«
    »Hast denn die Rute auch bei dir?«
Ich sprach: »Die Rute, die ist hier;
Doch für die Kinder nur, die schlechten,
Die trifft sie auf den Teil, den rechten!«
Christkindlein sprach: »So ist es recht;
So geh mit Gott, mein treuer Knecht!«
Von drauß' vom Walde komm' ich her;
Ich muss euch sagen, es weihnachtet sehr!
Nun sprecht, wie ich's hier innen find'!
Sind's gute Kind', sind's böse Kind'?

Theodor Storm

Der Laternenzug

Ich stamme aus Mainz am Rhein. In Mainz machen die Kinder alljährlich zu Ehren des heiligen Nikolaus einen Umzug. Vorneweg reitet Nikolaus auf einem Schimmel. Hinter ihm marschiert die Musik, dann folgen die Kinder mit Fackeln und Laternen. Wie anderswo zu Ehren des heiligen Martin, so wird es bei uns auch zu Ehren des heiligen Nikolaus gehalten.

An einen dieser Umzüge erinnere ich mich besonders gut. Wir versammelten uns auf einem Schulhof. Alle brachten ihre Laternen mit. Viele hatten sie selber gebastelt; denn die schönsten Laternen sollten vom heiligen Nikolaus einen Preis bekommen.

Meine Laterne hatte ich aus buntem, durchsichtigem Papier geklebt. Wenn ich die Kerze anzündete, leuchtete meine Laterne rundum wie lauter Kirchenfenster, von der Sonne beschienen. Auf einer Seite hatte ich Nikolaus als Bischof dargestellt, auf der gegenüberliegenden fuhr er zu Schiff. Von den beiden letzten Seiten zeigte die eine ein Kind in einer Badewanne, die andere einen Teller voller leckerer Sachen, Äpfel, Nüsse, Spekulatius, und quer darüber lag eine Rute, ich weiß es noch ganz genau.

Ehe der Umzug begann, mussten wir zwischen zwei Tischen hindurchgehen. An den Tischen saßen die Männer und Frauen, welche die schönsten Laternen aussuchten. Ich hatte bei dieser Auswahl noch nie Glück gehabt, deshalb wollte ich mich rasch durchzwängen, um einen Platz möglichst nahe bei dem reitenden Nikolaus zu bekommen. Aber diesmal wurde ich angehalten. Die Männer und Frauen betrachteten meine Laterne von allen Seiten und nickten. Dann gaben sie mir einen roten Zettel und sagten: »Du meldest dich nach dem Umzug beim Nikolaus.«

Rote Zettel wurden nur für die zwölf besten Laternen ausgegeben, das wusste ich. Nun kam es mir gar nicht mehr darauf an, möglichst dicht hinter dem Nikolaus herzuziehen. Gleich würde ich ihm gegenüberstehen; er würde mir für meine Laterne etwas schenken, vielleicht eine gefüllte Tüte, vielleicht ein Buch.

Ich trug meine Laterne hoch, so hoch, dass sie die anderen überragte. Früher wären mir sicher die Arme steif geworden bei solchem Tragen, aber diesmal fühlte ich meine Arme gar nicht. In der rechten Hand hielt ich den roten Zettel so, dass ihn alle sehen mussten, die am Straßenrand zuschauten; Kinder, die ich kannte, stieß ich an und deutete auf meinen roten Zettel.

Ich hatte noch nie einen Preis bekommen. Das würde sich in der Schule rumsprechen und alle würden mich beneiden. Ich war so stolz! Was würde wohl Vater dazu sagen? Wenn ich es meiner Mutter erzählte, dann würde auch sie stolz auf mich und meine Laterne sein.

Während ich mir das ausmalte, waren wir schon beim Platz vor dem Theater angekommen. Ich bemerkte nicht einmal, dass der Zug anhielt. Beinahe hätte ich ein vor mir gehendes kleines Mädchen umgerannt.

Die Musik spielte, und wir sangen:

> Heil'ger Nikolaus, heil'ger Nikolaus,
> Komm doch bald, komm doch bald!
> Hörst du nicht die Kinder?
> Hörst du nicht die Kinder?
> Komm doch bald!

Da erschien Nikolaus an einem der großen Fenster und sprach zu uns. Zwischendurch mussten wir immer wieder Nikolauslieder singen. Was der Nikolaus uns alles erzählt hat, weiß ich nicht mehr. Ich erinnere mich nur noch, wie er ganz zum Schluss die Kinder mit den Zetteln aufforderte, zu ihm zu kommen. Vorher sollten wir aber noch alle gemeinsam ein Lied singen.

Lasst uns froh und munter sein
und uns recht von Herzen freun!
Lustig, lustig, trallerallera,
heut ist Nikolausabend da!

Ich sang, so laut ich konnte. Aber ich war unzufrieden mit mir. Am liebsten hätte ich noch lauter gesungen.

Dann stell ich den Teller auf,
Nik'laus legt gewiss was drauf,
lustig, lustig, trallerallera,
heut ist Nikolausabend da!

Meine Stimme überschlug sich, so strengte ich mich an. Die Kinder, die rundum standen, schauten zu mir hin; die Erwachsenen lächelten über mich.

Wenn ich schlaf, dann träume ich,
jetzt bringt Nik'laus was für mich.
Lustig, lustig, trallerallera,
heut ist Nikolausabend da!

Ich sah nichts mehr von dem, was um mich vorging. Meine Augen starrten auf das Fenster, hinter dem Nikolaus verschwunden war. Ich sang, ich sang.

Wenn ich aufgestanden bin,
lauf ich schnell zum Teller hin.
Lustig, lustig, trallerallera,
heut ist Nikolausabend da!

Während des Singens hatte ich nicht auf meine Laterne geachtet. Ich hatte meine Laterne schief und schiefer gehalten. Plötzlich erwachte ich aus meinem Rausch. Ich sah eine Flamme. Meine Laterne brannte. Sie loderte auf. Glimmende Papierfetzen schaukelten auf meine Hand herab. »Oh!«, sagten die Umstehenden. Alles ging so schnell.

Ich hatte noch nicht richtig begriffen, was geschehen war, als von vorn eine Stimme rief: »Die Kinder mit den Zetteln und den schönsten Laternen dürfen nun zu mir kommen!« Wenige schoben sich nach vorn, die anderen verliefen sich und gingen mit ihren Eltern nach Hause.

Bald stand ich ganz allein auf dem großen Platz vor dem Theater und weinte. Ein Schutzmann fragte mich, wo ich wohne. Ich sagte es ihm schluchzend. Ohne ein Wort zu sagen, nahm er mich bei der Hand und brachte mich nach Hause.

Zu Hause habe ich den roten Zettel in winzige Stückchen zerrissen und von der ganzen Geschichte niemand etwas gesagt.

Hans Peter Richter

St. Niklas

Vater.

Es wird aus den Zeitungen vernommen,
Dass der heilige Sankt Niklaus werde kommen
Aus Moskau, wo er gehalten wert
Und als ein Heiliger wird geehrt;
Er ist bereits schon auf der Fahrt,
Zu besuchen die Schuljugend zart,
Zu sehn, was die kleinen Mägdlein und Knaben
In diesem Jahre gelernet haben
In Beten, Schreiben, Singen und Lesen,
Auch ob sie sind hübsch fromm gewesen.
Er hat auch in seinen Sack verschlossen
Schöne Puppen aus Zucker gegossen,
Den Kindern, welche hübsch fromm wären,
Will er solche schöne Sachen verehren.

Kind.

Ich bitte dich, Sankt Niklaus, sehr,
In meinem Hause auch einkehr,
Bring Bücher, Kleider und auch Schuh,
Und noch viel schöne, gute Sachen dazu,
So will ich lernen wohl,
Und fromm sein, wie ich soll.
Amen.

Sankt Niklas.

Gott grüß euch, liebe Kinderlein,
Ihr sollt Vater und Mutter gehorsam sein,
So soll euch was Schönes bescheret sein;
Wenn ihr aber dasselbe nicht tut,
So bring ich euch den Stecken und die Rut.
Amen.

Des Knaben Wunderhorn

Das Niklasschiff

Zu mir kam der Nikolaus nie. Dagegen in jedem Jahr zu unserem Nachbarssohne, dem reichen Mühl-Karl. In der Schule zeigte er mir dann an jedem 6. Dezember die schönen Sachen, die er geschenkt bekommen hatte.

Ich muss sagen, dass ich einen Groll auf den Nikolaus hatte. Auch dann noch, als mir meine kluge Tante sagte:

»Siehst du, wir haben so ein kleines Haus, da ist es schon leicht möglich, dass es der Nikolaus übersieht. Denn er ist nun doch einmal ein alter Mann.«

Das ließ ich mir eine Reihe von Jahren gefallen, als ich aber zehnjährig war, beschloss ich, mich an den Weg zu stellen, dem Nikolaus aufzulauern und ihn auf unser kleines Haus aufmerksam zu machen.

Um halb acht käme er immer, hatte mir der Karl verraten. Gut, um halb acht Uhr stand ich auf der Straße vor der Mühle und passte auf.

»Herr Nikolaus«, wollte ich sagen, »bitte schön, ich wohne dort drüben! Dort in dem kleinen Haus, wo der Kastanienbaum davor steht! Wenn Sie bis an den Kastanienbaum herangehen, werden Sie das Haus schon sehen. Ich kann den Katechismus besser als der Karl und ich hab bei der Schulprüfung eine Prämie gekriegt und er nicht!« So wollte ich sagen. Ich hatte lange nachgedacht über diese Ansprache und konnte sie sehr gut auswendig.

Ach, es war eine von den vielen schönen Reden, die nicht gehalten werden. Denn als der Nikolaus wirklich kam, ein großer Mann mit einem wilden, langen Bart, mit einem umgedrehten Zottelpelz und einem Strohseilgurt, da verließ mich der Mut, und ich wäre hinter dem Lattenzaun, wo ich steckte, fast gestorben vor Angst, als er vorbeiging. Erst als er weit weg war, kriegte ich all meine Courage wieder und schrie nun wie besessen:

»Herr Niklas! Herr Niklas! Ich wohne dort drüben – dort in dem kleinen Hause – bei dem Linden-, nein, bei dem Kastanienbaume, hören Sie, bei dem Kastanienbaume!« Er wandte sich nicht um, er verschwand in der Mühle.

Ich zitterte am ganzen Leibe und zornige Tränen kamen mir in die Augen.

Ich würde auch dieses Jahr nichts kriegen. Das war klar! Denn der Niklas hatte die Ohren verbunden gehabt.

Außerdem – die zwei wichtigsten Dinge, Katechismus und Schulprämie, hatte ich vergessen.

In dieser Nacht lag ich eine qualvolle, lange Viertelstunde schlaflos wach im Bette. Ich wusste, dass ich nie wieder glücklich sein würde im Leben. Aber dann kam der große Tröster, der so wonnig zu lügen versteht, der Schlaf. Er löschte meine Leiden aus und stellte ein holdes Glück an ihre Stelle. Er erzählte mir, ich hätte zwei Bleisoldaten vom Nikolaus erhalten, einen blauen   und einen roten.

Am anderen Tag hatte richtig der Mühl-Karl wieder eine ganze Menge Sachen mit in der Schule. Ich wollte anfangs nichts davon ansehen, als er aber ein kleines Holzschiffchen auf die Schulbank stellte, war es aus mit meiner Selbstbeherrschung.

Ach, es war ein süßes, süßes Schiffchen! Es hatte einen Mastbaum und zwei Segel, ja sogar einen kleinen, eisernen Anker. An der Seite stand der Name des Schiffes:

»St. Niklas«.

Das weiß ich heute noch, wie ich damals plötzlich den Kopf auf die Schulbank legte und bitterlich zu weinen anfing. Die anderen Kinder lachten anfangs, dann redeten sie auf mich ein; zuletzt lief einer nach dem Lehrer, der drüben in seiner Wohnstube frühstückte.

Denn es war eine Dorfschule und der Unterricht hatte noch nicht begonnen.

Ich sagte auch dem Lehrer den Grund meiner Tränen nicht. Aber ich hörte auf zu weinen. Ein wilder Trotz überkam mich. An diesem Tage ließ ich den Mühl-Karl die Rechenaufgaben nicht abschreiben und als er Hiebe bekam, freute ich mich.

Hiebe! Da hatte er es nun mit seinem Schiff! Da hätte nur mal jetzt der Niklas zum Fenster reingucken sollen, wie sein geliebter Mühl-Karl über dem Stuhl lag und ich so stolz in der Bank saß und eine Tafel hatte, auf der alles richtig herauskam!

Oh, ich war auf dem Wege, ein schlechter Kerl zu werden! Ich bekam nicht einmal Gewissensbisse, als mich auf dem Heimweg der Karl trotz allem, was vorangegangen war, freundlich einlud, mit ihm am Nachmittag das Schiffchen auf dem Mühlbach schwimmen zu lassen.

Nein, ich schlug es grob ab. Ja, ich setzte etwas hinzu, was mir nur in der tiefen Verbitterung meines Herzens einfallen konnte:

»Überhaupt sind wir mit euch verfeindet! Denn mein Großvater hat mit deinem Vater einen Prozess wegen des Brunnens gehabt und da hat mein Großvater alles unschuldig bezahlen müssen.«

So wurde aus der Feindschaft der Alten auch eine Feindschaft der Kinder. Das mit dem Prozess stimmte. Denn wir hatten mit den Müllersleuten einen gemeinsamen Brunnen, und wo ein gemeinsamer Brunnen ist, muss auch ein Prozess sein.

Es vergingen fast zwei Wochen. Der Mühl-Karl bekam öfter Prügel in der Schule. Der Lehrer fand, dass er nicht nur im Rechnen, sondern auch namentlich im Aufsatz sehr zurückgegangen sei. Du lieber Gott! Der Lehrer hatte 110 Schüler in vier verschiedenen Klassen; der konnte wirklich hinter die Schliche solcher Intriganten, wie ich einer war, nicht kommen.

Zu meiner Ehre kann ich wahrheitsgetreu angeben, dass ich mich nach und nach über die Prügel, die der Mühl-Karl bekam, nicht mehr freute. Wenigstens nicht mehr so heftig freute wie am 6. Dezember.

Am 20. Dezember trat der Karl auf dem Heimweg abermals an mich heran: »Komm doch heute mit mir Schiffel fahren!«, sagte er.

Ich sehe noch jetzt, wie bittend ihm die braunen Augen aus dem roten, robusten Gesichte leuchteten. Einen Augenblick schwankte ich. Aber der Groll siegte.

»Gelt, dass ich dich dafür morgen abschreiben lass! Ich werde mich schön hüten!«

Und ich wandte ihm den Rücken.

Es war eine schwere Schuld, die ich auf mich lud.

Am selben Tag, kurz ehe die Dämmerung hereinbrach, sah ich die Müllerin schreiend über den Hof laufen, gleich hinterher rannte der Müller, dann die Dienstboten, zuletzt humpelte sogar die lahme Mühlgroßmutter bis vors Tor. Und ein bisschen später brachte der stärkste Knecht aus der Mühle den Karl getragen.

Er hatte mit seinem Schiffchen gespielt und war in den eiskalten Mühlgraben gefallen.

Zuerst war alles in mir stumpf und still. Eine Schadenfreude überkam mich nicht; dafür war ich zu sehr erschrocken. Bloß die Neugierde war in mir, was jetzt werden würde.

Aber dann, als es finster wurde, immer finsterer, als immer noch nicht unsere Lampe angezündet wurde, wurde ich so unruhig, so schwer unruhig.

Der Großvater war still, die Tante sagte kein Wort. Und kein Licht – kein Licht! Der Sturm fing auch an zu gehen. Vor dem Sturme am Abend, dem finsteren Sturme, hatte ich immer Angst.

Ich rückte zum Feuer. Aber unser Hund knurrte mich an, weil ich ihn verscheuchte.

Ein Wagen rumpelte draußen. Wir gingen alle ans Fenster. Es war des Müllers Glaswagen mit zwei Laternen.

»Sie bringen den Doktor«, sagte der Großvater.

Und die Tante sagte: »Wer weiß!«

Da packte mich etwas an der Kehle, und als ich die Tante fragen wollte, was sie gemeint habe, brachte ich kein Wort heraus. Wenn er sterben müsste!

Oh, ich war ein kleines, dummes Büblein, hatte keine verfeinerte Seele, aber ein nacktes, blutzartes Herz, das von einem jähen Angstweh durchschnitten wurde, als ihm Tod und Schuld so nahe traten.

Ich bekam keine Luft; ich schlich hinaus, dann rannte ich über die Höfe hinüber zum Müllerhaus. Ich stand eine Weile frierend vor der Tür, dann kam eine Magd, die ich fragen wollte.

Der Doktor könne nichts versprechen, sagte sie, und der Karl läge mit offenen Augen, aber er könne nicht reden und auch nicht hören.

Langsam kehrte ich um. Ich lehnte lange an Müllers Gartenmauer; ich setzte mich endlich auf unsere Haustürschwelle und starrte hinüber nach den beleuchteten Fenstern.

So fand mich die Tante und brachte mich zu Bett.

Ich dachte unausgesetzt an Karl. Einen einzigen Trost hatte ich – dass er die Augen offen hatte. Wenn sie nur nicht zufielen! Ich streckte meine Hände aus auf der Bettdecke und stellte mir vor, dass ich Mühl-Karls Augendeckel offen halten könnte.

Ja, ich musste sie offen halten – musste! Wäre ich mit ihm

gegangen, dann wäre er nicht ins Wasser gefallen. Nun durften die Augen nicht zufallen! Nein, nein, sie durften nicht zufallen!

Und ich hielt zwischen Daumen und Mittelfinger je ein Stücklein Bettzeug und dachte immer, es seien Karls Augendeckel.

Einmal fiel mir ein, wenn der Karl stürbe, hätten wir einen Tag keine Schule und könnten das schöne Lied: »Wo findet die Seele die Heimat« singen.

Aber der Gedanke, der mich sonst bei Todesfällen im Dorf immer begeistert hatte, erfror diesmal an einem inneren Frost, der mir die Glieder schüttelte. Und Daumen und Mittelfinger pressten sich fester zusammen. Zuletzt wollte ich beten. Und in seiner großen Angst demütigte sich mein Herzlein, und ich betete zum Nikolaus, dem einzigen Heiligen, von dem ich glaubte, ich sei mit ihm verfeindet. Ich stellte ihm gar inständig vor, dass er ja sehr recht täte, wenn er mir nie etwas schenke, weil ich doch so schlecht sei; aber über den Karl möge er sich erbarmen und ihn gesund werden lassen, denn dem Karl sei er doch von jeher sehr gut gewesen.

Drei Tage vergingen. Am Brunnen hatte ich täglich der Marie, des Müllers Magd, aufgelauert.

Ja, er hätte immer noch die Augen offen, hatte sie mir gesagt.

Wenn die Augen so lange offen stehen, wird er schon gesund werden, tröstete ich mich. Aber die Sorge, sie möchten zufallen, verließ mich nicht, und ich grübelte auch immer schmerzlich darüber nach, warum denn der Karl nichts sehen könne, wenn er doch die Augen offen habe. Ich versuchte es eifrig, mit offenen Augen nichts zu sehen, aber es gelang nicht. Ich sah sogar am Abend und in der Nacht.

Endlich hielt ich's nicht länger aus und ich befragte meine freundliche, kluge Tante. Sie besann sich eine Weile, dann sagte sie:

»Weißt du, der Karl hat jetzt keine Seele.«

Das war am 23. Dezember gewesen. Es war gut, dass wir schon keine Schule mehr hatten, denn ich hätte nicht ein einziges bisschen lernen und aufpassen können. Ich dachte jetzt immerfort daran, dass der Karl keine Seele mehr hatte.

Wo die Seele hin sei, darüber zersann ich mir den Kopf Stunde um Stunde. Dass sie nicht im Himmel sein konnte, wusste ich, da der Karl noch nicht gestorben war.

Wo war die Seele hin?

In der Nacht auf den 24. lag ich lange wach. Das kleine Herz schlug schnell und laut, die Hände irrten auf dem Deckbett hin und her, der Kopf brannte. Es war so heiß in der Kammer.

Und da fiel mir's plötzlich ein.

Wie der Karl ins Wasser gefallen ist, ist die Seele herausgegangen aus seinem Munde und im Bach ertrunken.

Mit einem Ruck saß ich aufrecht im Bette. Ich fror zum Erbarmen und doch lief mir der Schweiß über das Gesicht.

Die Seele! Karls Seele! Ins Wasser gefallen! Ertrunken! Hilflos ertrunken! O Gott!

So eine Seele ist etwas Zartes, Feines, etwas in einem dünnen, weißen Hemdchen. Wenn das in den eisigen Mühlbach fiel und darin ertrank und erfror!

Es ist mein bitterer Ernst, wenn ich sage, dass ich nie wieder im Leben so heiß und hoffnungslos gelitten habe wie damals, da sich die Krallenfinger der Angst und Reue zum ersten Mal in mein wehrloses junges Herz eingruben.

Damals hörte ich das erste Mal die Mitternachtsstunde schlagen.

Nach langer Zeit war ich so erschöpft, dass ich halb betäubt ins Bettchen zurücksank. Und in der schweren Müdigkeit kam dem kleinen Kämpfer endlich ein milder Trostgedanke.

Das Schifflein! Das Schifflein war ja auch im Wasser gewesen. Vielleicht hatte sich Karls Seele an das Schifflein angeklammert!

Am Heiligabendtage ging ich frühzeitig zum Brunnen. Ich musste lange warten, dann kam die Müllermagd.

»Hat er die Augen noch offen?«

»Nein, seit gestern Abend hat er sie zu!«

»Ist er – gestorben?«

»Jetzt ist er noch nicht gestorben.«

Sie füllte ihre Kannen und ging. Unbeweglich schaute ich ihr nach, wie jemandem, der die letzte Hoffnung fortträgt. Er war noch nicht gestorben! Aber er hatte die Augen schon zu! Es schien mir der Augenblick der höchsten Gefahr.

Die Seele musste ich suchen – die Seele!

Ich eilte durchs Hoftürchen hinaus aufs Feld, über einen Acker weg, auf den Mühlbach zu. Die Glieder bebten mir in eisiger Angst, aber ich ging.

Ach, ganz fertig brachte ich es doch nicht! Abseits vom Bache rannte ich flussaufwärts. Ich spähte sehnsüchtig verlangend hinüber, aber die Füße blieben mir in den Löchern des Sturzackers gefangen.

Dort war die große Esche. Dort war er hineingefallen. Noch einmal überkam mein Kinderherz eine heiße Todesangst. Dann aber sah ich den Karl vor mir liegen mit geschlossenen Augen, und laut aufweinend vor Furcht und Sorge rannte ich hin zur Esche.

In der Nacht war ein milder Frost gekommen, der hatte eine dünne Eisdecke über den Bach gespannt. Spiegelglatt lag die glitzernde Fläche vor mir. Eine lächelnde, tote Fläche!

Gefroren! Nun war sie nicht mehr zu finden! Nun steckte sie unter dem Eis!

Langsam schlich ich den Bach hinab. Einmal schrak ich zusammen, als ich etwas Weißes im Eise sah. Aber es war nur eine Luftblase.

Da gab ich alle Hoffnungen auf. Der Kopf schmerzte mich, die Füße strauchelten oft und glitten aus. Und eine schneidende Todeskälte stieg vom Bache herauf. Es war eine traurige Wanderung für ein Kind am Heiligen Abend.

Und da traf mich das Wunder! –

Eingefroren, nicht weit vom Ufer weg, stand Karls kleines, süßes Holzschifflein. »St. Niklas« stand daran und der Wind spielte leicht mit den kleinen Segeln.

Drinnen aber im Schiff lag etwas Weißes.

Mit glühenden, weiten Augen starrte ich hin.

Zuerst fiel mir ein, es möge ein verwehtes Blatt sein, das der Reif so weiß gemacht habe. Aber bald kam mir eine viel, viel bessere Erkenntnis.

In dem Schiffe war Karls Seele!

Ein bisschen zusammengefroren, ein bisschen bereift in den kalten Winternächten – aber doch Karls kleine, weiße Seele.

Sie hatte sich gerettet!

Oh – alleluja – gerettet! –

Ich rutschte auf den Knien den Bachrand hinab, ich ergriff einen dünnen Erlenzweig und beugte mich weit über das Wasser. Einen Augenblick schwebte ich so zwischen Tod und Leben, dann hielt ich das Schifflein in den Händen.

Keinen Blick warf ich mehr hinein. Nein, das wagte ich nicht. Aber mit hoch erhobenen Händen, so wie ein Priester einen heiligen Kelch trägt, so trug ich in dem Holzschiffe Karls Seele heim.

Als der Wind übers weiße Feld fuhr, als mir die großen, schwarzen Vögel über dem Haupte flogen, drückte ich das Schifflein an meine Brust.

Als aber die goldene Sonne durch die Wolken schien, trug ich es wieder hoch in den Händen und ging langsam, glücklich, zuversichtlich Schritt für Schritt.

An des Müllers Tür war eine Klingel. Mit erstarrter Hand riss ich an dem Zuge, dass die Glocke schrill durchs Haus gellte.

Der Müller kam scheltend herausgesprungen. Ich aber stand ruhig und ernst da und sagte so feierlich, als ob ich ein Gebet spräche:

»Ich bringe Karls Schiff! In dem Schiffe ist seine weiße Seele!«

Der Müller starrte mich an. Als ich ihm aber so gläubig in die Augen sah, sagte er kein Wort, nahm mir das Schifflein ab und trug es ins Haus.

Und noch ehe die Lichter meines kleinen Christbaumes angezündet wurden, trat der Müller in unsere Stube. Er entschuldigte verlegen sein Kommen und sagte, er freue sich so, denn der Doktor sei eben wieder da gewesen und habe gesagt, der Karl werde nun bestimmt wieder gesund werden. Das komme er sagen, weil wir doch öfter hätten nachfragen lassen.

Der Großvater und die Tante waren freundlich zum Müller. Ich sagte kein Wort. Auch dann wich das andächtige Schweigen der Freude nicht von mir, als der Müller fortfuhr:

»Gerade als euer Paul das Holzschiffchen brachte und so sehr mit unserer Klingel läutete, ist der Karl aufgewacht aus seinem Schlafe und hat die Besinnung wiedergehabt. Und uns sind allen die Augen übergegangen, weil doch euer Paul meinte, in dem Schiff bringe er Karls Seele.«

Paul Keller

Guter Nikolaus

Guter Nikolaus,
komm in unser Haus,
triffst ein Kindlein an,
das ein Sprüchlein kann
und schön folgen will!
Halte bei uns still,
schütt dein Säcklein aus,
guter Nikolaus!

Ach, du lieber Nikolaus,
komm doch einmal in mein Haus!
Hab so lang an dich gedacht!
Hast mir auch was mitgebracht?

Volksmund

Der kleine Flori und der Nikolaus

Der kleine Flori war vom ersten Schultag an ein ganz schlimmer Schlamper. Dauernd ließ er irgendetwas im Schulzimmer liegen, die Mütze oder seine Handschuhe, die Fibel, das Rechenbuch, die Tafel, ein Heft oder das Federmäppchen. Manchmal vergaß er sogar alles miteinander und lief mit leerem Schulranzen heim. Und es kam noch schlimmer: Eines Nachmittags nämlich, als Flori die vergessene Fibel holen wollte, lag sie nicht mehr auf seiner Bank; Flori suchte und suchte, aber die Fibel war wie weggeblasen. Am nächsten Tag konnte Flori das Rechenbuch nicht finden, am übernächsten Tag war die Tafel fort. Das war kurz vor dem Nikolaustag und die Mutter meinte: »Ich glaube, diesmal bringt der Nikolaus höchstens eine Rute.«

Aber das glaubte Flori auf keinen Fall. In den vergangenen Jahren war der Nikolaus immer nett zu ihm gewesen. Sicher würde er auch in diesem Jahr nichts von der Schlamperei gemerkt haben und wieder die guten Mandellebkuchen mitbringen, die Flori so gerne aß, und die nur der Nikolaus hatte.

Ja, und dann kam er, der Nikolaus! Er pochte laut an der Tür und stapfte herein in seinem roten Mantel und mit der Bischofsmütze aus Gold. Auch einen vollen Sack hatte er dabei, und Flori schaute schon beim Beten nur auf den Sack und überlegte, an welcher Stelle wohl die Lebkuchen für ihn stecken mochten. Aber der Nikolaus machte gar keine Anstalten, Lebkuchen aus dem Sack zu holen. Er sah den Flori mit gerunzelter Stirn an, so streng wie noch nie.

»Warst du auch brav, Flori?«

»Ja«, sagte Flori schnell, obwohl er natürlich genau wusste, dass das nicht ganz stimmte.

»So, so«, brummte der Nikolaus, »brav warst du? Und immer recht ordentlich? Und du hast nie etwas verschlampt oder vertrödelt?«

Jetzt sagte Flori gar nichts mehr. Nur sein Herz klopfte laut.

»Was meinst du wohl, was ich dir mitgebracht habe?«, fragte der Nikolaus und griff nach seinem Sack.

»Ma-Ma-Mandellebkuchen«, stotterte Flori.

Aber der Nikolaus schüttelte den Kopf.

»Für Mandellebkuchen war im Sack kein Platz mehr«, sagte er, »weil ich doch so viele andere Dinge für dich einpacken musste. Hier, dies zum Beispiel …« Und was holte er aus dem Sack? Die Fibel!

»Und dies …« Das Rechenbuch!

»Und das … und das …« Die Tafel, Floris Pudelmütze, den linken Handschuh, die Bastelschere, drei Bleistifte, eine Schachtel Malkreide – eins nach dem anderen holte der Nikolaus hervor. Nur keinen Mandellebkuchen, nicht einmal ein einziges Stück!

»Also dann bis zum nächsten Jahr, kleiner Flori«, meinte der Nikolaus freundlich. »Und wenn ich dann nicht so viel Trödelkram für dich mitbringen muss, hab ich auch sicher Platz für Lebkuchen.«

Und er stapfte wieder aus der Stube hinaus.

Da stand er, der Flori, und hatte nichts, überhaupt nichts vom Nikolaus bekommen! Eigentlich ist das eine traurige Geschichte.

Aber zum Glück geht sie gut aus. Weil nämlich der heilige Nikolaus ein guter Mann ist und weil sich der kleine Flori von diesem Tag an große Mühe gab und fast gar nichts mehr verschlampte, lag in der Woche vor Weihnachten auf einmal eine bunte Schachtel im Briefkasten. »An den kleinen Flori«, stand darauf.

Könnt ihr euch denken, was in der Schachtel war? Mandellebkuchen natürlich, wie es sie nur beim Nikolaus gibt.

Irina Korschunow

Der Esel von Wesel

Der Esel, der Esel,
wo kommt der Esel her?
Von Wesel, von Wesel.
Er will ans Schwarze Meer.
Wer hat denn, wer hat denn
den Esel so bepackt?
Knecht Ruprecht, Knecht Ruprecht
mit seinem Klappersack.
Mit Nüssen, mit Äpfeln,
mit Spielzeug allerlei
und Kuchen, ja Kuchen
aus seiner Bäckerei.
Wo bäckt denn, wo bäckt denn
Knecht Ruprecht seine Speis?
In Island, in Island,
drum ist sein Bart so weiß.
Die Rute, die Rute
hat er dabei verbrannt.
Heut sind die Kinder artig
im ganzen deutschen Land.
Ach Ruprecht, ach Ruprecht,
du lieber, guter Mann:
komm auch zu mir mit deinem
Sack heran!

Paula und Richard Dehmel

Nikolaus der Gute

Ein neues Frühjahr begann. Die ersten warmen Sonnenstrahlen lockten einen Blütensegen auf Wiesen und Wälder.

Vom Himmel schauten die Heiligen auf die Erde hinab und freuten sich an der Pracht. Gar zu gern hätten sie die Erde noch einmal besucht. Auch der heilige Kassian und der heilige Nikolaus standen da und verspürten ein wenig Sehnsucht nach dem Frühling auf Erden.

Da kam der liebe Gott vorüber. Er fühlte den Wunsch der beiden Heiligen. Und ohne dass sie ihn darum gebeten hatten, erlaubte er ihnen, die Erde zu besuchen.

Nicht lange danach wanderte der heilige Kassian irgendwo mitten in Russland. Weil aber die Sonne noch nicht alles Wasser von der Schneeschmelze hatte auftrocknen können, war der Weg aufgeweicht und schlammig. Doch der heilige Kassian schritt vorsichtig und sinnend daher. Bald begegnete er einem Bauern. Das Wägelchen des Bauern war bis an die Radnaben im Schlamm versunken. Ob nun der Bauer seinem Pferdchen gut zuredete, ob er mit ihm schimpfte, oder ob er selbst in die Speichen griff, es gelang ihm nicht, das Wägelchen freizubekommen. Da erblickte der Bauer den Heiligen.

»Guter Herr«, bat er, »helft mir bitte mein Wägelchen herausheben. Mein Pferdchen möchte in den Stall und ich zu meiner Frau.«

Der heilige Kassian betrachtete den eingesunkenen Wagen, dann blickte er auf sein Gewand und sagte:

»Guter Mann, es tut mir Leid. Aber im Augenblick beschäftigt mich eine wichtige Frage. Wenn ich Euch helfe, verliere ich den Gedanken und kann die Lösung nicht mehr finden. Geduldet Euch nur, bald wird sicher jemand vorüberkommen, um Euch beizustehen.« Damit ließ der heilige Kassian den Bauern stehen und ging weiter.

Nach einiger Zeit kam der heilige Nikolaus des gleichen Weges. Als der Bauer auch ihn um Hilfe bat, fasste der heilige Nikolaus sogleich mit an. Gemeinsam hoben sie den Wagen aus dem Schlamm. Der Bauer bedankte sich beim heiligen Nikolaus und beide gingen in verschiedenen Richtungen davon.

Als die Heiligen am Abend in den Himmel zurückkehrten, erkundigte sich der liebe Gott nach ihren Erlebnissen.

Der heilige Kassian erzählte: »Ich bin einem Bauern begegnet. Er war mit seinem Wagen im verschlammten Weg stecken geblieben. Er bat mich um Hilfe, aber ich konnte seinen Wunsch nicht erfüllen; denn ich wollte mein Himmelsgewand nicht beschmutzen.«

Darauf fragte der liebe Gott den heiligen Nikolaus: »Und wo hast du dich so schmutzig gemacht?«

Nikolaus senkte den Blick und antwortete: »Ich traf denselben Bauern; ich konnte ihm seine Bitte nicht abschlagen und habe ihm geholfen.«

Da lächelte der liebe Gott und sagte: »Weil du, Kassian, dein Gewand so sauber gehalten hast, werden die Menschen auf Erden deiner in jedem Schaltjahr gedenken. Dir aber, Nikolaus, weil du geholfen hast, werden die Menschen auf Erden zwei Festtage in jedem Jahr weihen.«

Hans Peter Richter

Bald, ihr Kinder,
wird's was geben

Adventszeit

Wer darf den letzten Novemberzettel vom Block reißen, das dünne Blättchen, das allein noch den Weihnachtsmonat verhüllt? Die jungen Pfifflinge standen alle in die eine Ecke gedrängt, wo der Kalender hing, und stritten sich, halb im Spaß, halb im Ernst darum, wer den Dezember aufdecken dürfe. Die Eltern am Frühstückstisch sahen auf. »Buben, ritterlich sein!«, rief der Vater. Da traten die vier Brüder vom Kampfplatz zurück. Elschen konnte den Kalender noch gar nicht erreichen, so kam das Vorrecht an die Zwillingsschwestern.

»Wir machen es miteinander«, sagten sie. Da kam denn der erste Dezember zum Vorschein, und zwar rot, denn es war Sonntag und kein gewöhnlicher Sonntag, sondern der erste Advent. Die schönste Weihnachtsstimmung stieg auf mit diesem Tag und nicht nur bei den Kindern. Herr Pfäffling stimmte unvermutet und ohne Begleitung an: »Wie soll ich dich empfangen und wie begegnen dir, o aller Welt Verlangen, o meiner Seele Zier!« Alle Kinder sangen mit, erste Stimme, zweite Stimme, je nach Begabung, auch die Mutter, aber sie recht leise, denn sie allein von der ganzen Familie war vollständig unmusikalisch und sang, wie Frieder einmal gesagt hatte, etwas anderes als die Melodie.

Bald darauf war es für diejenigen, die zur Kirche gehen wollten, Zeit, sich zu richten. Ein Teil pflegte vormittags zu gehen, einige nachmittags oder in den Kindergottesdienst. Frau Pfäffling wollte heute mit ihrem Mann gehen, unter den Kindern gab es ein Beraten und Flüstern. Als nach einer Weile die Eltern, zum Ausgang gerichtet, an der Treppe standen und sich von den Zurückbleibenden verabschieden wollten, fand sich's, dass es heute gar keine solchen gab, dass alle sieben bereitstanden, mitzugehen. Das war noch nie so gewesen.

»Wer soll dann aufmachen, wenn geklingelt wird?«, fragte Frau Pfäffling bedenklich.

»Es klingelt fast nie während der Kirchenzeit«, versicherte der Kinderchor.

»Aber wir können doch nicht zu neunt aufziehen, das ist ja eine ganze Prozession!«, wandte Herr Pfäffling ein.

»Wir gehen drüben auf der anderen Seite der Straße«, sagten die Buben.

»Aber Walburg muss wenigstens wissen, dass sie ganz allein zu Hause ist, hole sie schnell, Elschen«, rief Frau Pfäffling.

Als das Mädchen die ganze Familie im Begriff sah auszugehen, wusste sie schon, was man von ihr wollte, und sagte in ihrer ernsthaften Weise: »Ich wünsche gesegnete Andacht.«

Draußen schien die Wintersonne auf bereifte Dächer, Sonntagsruhe herrschte in der Vorstadt, und die Familie, die hier den Weg zur Kirche einschlug, hatte die Adventsstimmung schon im Herzen. Die vier Buben ließen aber, ihrem Versprechen gemäß, die ganze Breite der Frühlingsstraße zwischen sich und den Eltern und Schwestern, bis nach einer Weile Elschen dem Frieder immer dringlicher winkte. Da konnte er nicht länger widerstehen und gesellte sich der kleinen Schwester zu.

Adventsstimmung, Weihnachtsahnung wehten heute den

ganzen Tag durchs Haus. Wenn im November eines der Kinder vom nahen Weihnachtsfest sprechen wollte, hatte die Mutter immer abgewehrt und gesagt: »Das dauert noch lange, lange, davon reden wir noch gar nicht, sonst werden die Kleinen ungeduldig.« So hätte sie auch gestern noch gesagt, aber heute war das etwas ganz anderes, man feierte Advent, Weihnachten war über Nacht ganz nahe gerückt.

Im Dämmerstündchen zog Frau Pfäffling Elschen zu sich heran und fragte selbst: »Weißt du denn noch, wie schön der Christbaum war?«

Sie wusste es wohl noch, und als nun die Geschwister über Weihnachten plauderten, da konnte sie mittun, ja in der Freude auf Weihnachten stand sie nicht hinter den Großen zurück, im Gegenteil, wenn sie mit leuchtenden Augen vom Christkindlein sprach, so war sie die kleine Hauptperson, die allen die Freude erhöhte.

Bald taten sich in einer Ecke die Geschwister zusammen und berieten flüsternd, was sie den Eltern zu Weihnachten schenken könnten. Es durfte kein Geld kosten, denn Geld hatten sie nicht. Von Geschenken, die Geld kosten, sprachen sie ganz verächtlich. »Es ist keine Kunst, in einen Laden zu gehen und etwas zu kaufen, aber ohne Geld etwas recht Eigenartiges, Schönes und Nützliches zu bescheren, das ist eine Kunst!« Ja, eine so schwere Kunst ist das, dass sich die Beratung sehr in die Länge zog. Frieder nahm nicht lange daran teil, ihm klang heute immer der Adventschoral im Ohr: »Wie soll ich dich empfangen«, er musste ihn herausbringen. Er fing an zu spielen, und als er merkte, dass ungnädige Blicke auf seine Ziehharmonika fielen, zog er sich hinaus in die Küche, wo Walburg saß und in ihrem Gesangbuch las. Sie hörte diese Töne, und da sie sich in ihrer Taubheit über alles freute, was bis an ihr Ohr drang, schob sie ihm den Schemel hin, zum Zeichen, dass er sich bei ihr niederlassen sollte. So kam die Adventsstimmung bis in die Küche.

Am nächsten Tag mussten freilich die Weihnachtsgedanken wieder in den Hintergrund treten, denn in die Schule passten sie nicht. Nur Frieder wollte sie auch dorthin bringen; was Remboldt ihm einmal gesagt, hatte er nicht vergessen, er wollte seine Harmonika mit in die Schule nehmen und dort den Adventschoral vorspielen. Die Mutter hörte es und wunderte sich: Er hatte sich noch nie zeigen wollen mit seiner Kunst, nun kam ihm doch die Lust, sich hören zu lassen. Sie mochte es ihm nicht verbieten, aber es war ihr fremd an ihrem Frieder. So zog er mit seiner Harmonika in der Hand, den Schulranzen auf dem Rücken, durch die Frühlingsstraße.

Freilich, als er sah, welches Aufsehen es bei den Schulkameraden machte, bereute er es fast. Er hatte seine Harmonika verbergen wollen, bis zu der großen Pause um zehn Uhr, wo die Lehrer ihre Klassenzimmer verließen und die Schüler sich in dem weiten Schulhof zerstreuten. Aber es ging nicht so.

Der Lehrer war kaum in das Schulzimmer getreten, so riefen ihm auch schon ein paar kecke Bürschchen zu: »Der Pfäffling hat seine Ziehharmonika mitgebracht.«

Da verlangte er sie zu sehen und fragte, ob Frieder denn mit dem großen Instrument zurechtkäme.

Nun stießen ihn die Kameraden von allen Seiten: »Spiel doch, gelt, du kannst es nicht? Spiel doch etwas vor!«

Darauf spielte der Frieder seinen Adventschoral, vergaß seine vielen Zuhörer, vergaß die Schulzeit und sagte, nachdem er fertig war: »Jetzt kommt: ›Wachet auf, ruft uns die Stimme‹.«

Der Lehrer ließ ihn gewähren, denn er sah, wie gern ihm alle zuhörten, und wie der kleine Musiker ganz und gar bei seinen Liedern war.

»Hast du das bei deinem Vater gelernt?«, fragte er ihn jetzt.

»Nein«, sagte Frieder, »Harmonika muss man nicht lernen, das geht von selbst.«

»Das geht vielleicht bei euch Pfäfflingen von selbst, aber bei anderen nicht. Was meinst du«, sagte er zu dem, der am nächsten stand, »könntest du das auch?«

»O ja«, sagte der, »da darf man nur auf- und zuziehen.«

»Du wirst dich wundern, wenn du es versuchst«, entgegnete der Lehrer, »aber jetzt: auf eure Plätze.«

Um zehn Uhr, in einer Ecke des Schulhofes, wurde Frieder umringt und musste spielen. Es kamen auch größere Schüler von anderen Klassen herbei, und die wollten nicht nur hören, die wollten es auch versuchen. Die Harmonika ging von Hand zu Hand. Sie zogen daran mit Unverstand, einer riss sie dem andern mit Gewalt weg, und der sie nun hatte, der sagte:

»Sie geht ja gar nicht, ich glaube, sie ist zerplatzt.«

Da bekam sie Frieder zurück, und als er sie ansah, wurde er blass, und als er sie zog, gab sie keinen einzigen Ton mehr. Da wurden sie alle still und sahen betroffen auf den kleinen Musikanten.

»Wer hat's getan?«, hieß es nun. Die Frage ging von einem zum andern und wurde zum Streit, aber Frieder kümmerte sich nicht darum, er verwandte keinen Blick von seiner Harmonika, er strich mit der Hand über sie, er drückte sie zärtlich an sich, er versuchte noch einmal einen Zug, aber er wusste es ja schon vorher, dass ihre Stimme erloschen war und nimmer zum Leben zu erwecken.

Nach der Schule lief er all seinen Kameraden, die ihn teilnehmend oder neugierig umgaben, davon, er mochte nichts hören und nichts sehen von ihnen. Er trug seine Harmonika im Arm, lief durch die lange Frühlingsstraße nach Hause, rief die Mutter und drückte sich bitterlich weinend an sie mit dem lauten Ausruf: »Sie ist tot!«

Eine ganze Woche schlich Frieder ruhelos im Hause umher wie ein Heimatloser. Immer fehlte ihm etwas, oft sah er auf seine leeren Hände, bewegte sie wie zum Ziehen der Harmonika und ließ sie dann ganz enttäuscht sinken. Das Bitterste an seinem Schmerz war aber die Reue. Er selbst hatte ja seine Freundin den bösen Buben ausgeliefert. Hätte er sie in der Stille für sich behalten und nicht mit ihr Ruhm ernten wollen, so wäre sie noch lange am Leben geblieben. Dagegen half kein Trost, nicht einmal die Vermutung der Geschwister, dass er vielleicht eine neue Harmonika zu Weihnachten bekommen würde.

Aber etwas anderes half ganz unvermutet.

Es war wieder Sonntag, der zweite Advent, und wieder standen die Kinder beisammen, noch immer ratlos wegen eines Weihnachtsgeschenkes für die Eltern. Diesmal lief aber Frieder nicht weg, wie er vor acht Tagen getan hatte, er konnte ja kein Adventlied mehr üben, so zog ihn nichts ab. Er hatte still zugehört, wie allerlei Vorschläge gemacht und wieder verworfen wurden, nun mischte er sich auch ein:

»Unten«, sagte er, »auf den Balken, da kann man sich alles ausdenken, aber da oben nicht.«

»So geh du hinunter und denke dir etwas für mich aus«, sagte eines der Geschwister. – »Für mich auch!« – »Und für mich!«, hieß es nun von allen Seiten.

Er war gleich bereit dazu. Die Schwestern gaben ihm ihren großen Schal mit hinunter. Er ging auf das Plätzchen, das er so gern mit seiner Harmonika aufgesucht hatte. Es war heute kalt, und er wickelte sich ganz in das große Tuch, saß da allein, war vollständig erfüllt von seiner Aufgabe, zweifelte auch gar nicht daran, dass er sie lösen würde. Auf der Harmonika war ihm hier unten auch alles gelungen, was er versucht hatte. Der kleine Kopf war fest an der Arbeit.

Als Frieder wieder heraufkam, sammelten sich begierig alle Geschwister um ihn, und er, der in ihrem Rat noch nie das große Wort geführt hatte, streckte nun seine kleine Hand aus und sagte so bestimmt, wie wenn da nun gar kein Zweifel mehr sein könnte:

»Du, Karl, musst ein Gedicht erdichten, und du, Wilhelm, auf einem so großen Bogen Papier schöne Sachen abzeichnen, und Otto muss so laut, wie es der Rudolf Meier beim Maifest getan hat, vom Bismarck sprechen, und Marianne soll das schönste Lied vom Liederbuch zweistimmig vorsingen. Aber wir zwei können nichts«, sagte er, indem er sich an Elschen wandte, »darum müssen wir solche Sachen sammeln zum Feuermachen, wie es manchmal Walburg sagt, Nussschalen und Fadenrollen, Zwetschgensteine und alte Zündhölzer, einen rechten Sack voll.«

Jedes der Kinder dachte nach über den Befehl, den es erhalten hatte, und fand ihn ausführbar.

»Ich weiß, was ich zeichne!«, rief Wilhelm, »dich zeichne ich ab, Frieder, wie du mit deiner Harmonika immer dagestanden bist.«

»Und ich mache ein Gedicht, das gefällt dem Vater.«

Sie waren alle vergnügt.

»Frieder«, sagte Karl, »es tut mir Leid für dich, dass du deine Harmonika nimmer hast, aber mir bist du lieber ohne sie.«

Die andern stimmten ein, und Frieder machte nicht mehr das trostlose Gesicht, das man die ganze Woche an ihm gesehen hatte, zum ersten Mal fühlte er sich glücklich auch ohne Harmonika.

Agnes Sapper

Der kleine Schlauberger

Was schenk' ich der Mutti zu Weihnachten bloß?
Ein ganzer Stoß
von Malzetteln fliegt im Zimmer umher –
aber Malen ist schwer!
Da wollt' ich ausschneiden
aus buntem Papier,
aber die beiden Häuschen hier
sind schief und krumm –
wie dumm!
Was könnt' ich denn noch?
Ein Lied könnt' ich singen,
aber 's wird nicht recht klingen,
ein hübsches Gedicht?
Doch dann kann ich's nicht
und bleib' stecken,
da necken

sie mich und lachen drüber,
ach, lass' ich's lieber!
Ein bisschen größer müsste ich sein,
da fiel' mir bestimmt was ein …
Jetzt weiß ich's: Ich rufe bei Mutti an
und sage, hier spricht der Weihnachtsmann,
ich brumme ganz tief, am Telefon
geht das schon,
und in Muttis Büro,
die staunen nur so
und merken nicht,
wer da wirklich spricht!
Ich frag' sie nach ihren Wünschen aus,
da kriege ich ganz bestimmt was raus.
Sie sagen immer, ich sei noch zu klein:
Man muss nur ein richtiger Schlauberger sein!

Lena Foellbach

Nussknacker

Nussknacker, du machst ein grimmig Gesicht –
Ich aber, ich fürchte vor dir mich nicht:
Ich weiß, du meinst es gut mit mir,
Drum bring ich meine Nüsse dir.
Ich weiß, du bist ein Meister im Knacken:
Du kannst mit deinen dicken Backen
Gar hübsch die harten Nüsse packen
Und weißt sie vortrefflich aufzuknacken.
Nussknacker, drum bitt ich dich, bitt ich dich,
Hast bessere Zähn als ich, Zähn als ich.
O knacke nur, knacke nur immerzu!
Ich will dir zu Ehren
Die Kerne verzehren.
O knacke nur, knack knack knack!, immerzu!
Ei, welch ein braver Kerl bist du!

A. H. Hoffmann von Fallersleben

Die Puppenstube

Im Kinderzimmer war es sehr still. Luisa saß vor ihrem Puppenhaus und dachte nach. Ihr altes Kinderstühlchen hatte sie
sich davor gerückt. Das war nun freilich viel zu klein für sie geworden, aber wenn sie so darauf hockte, fühlte sie sich der
Puppenfamilie, die in dem Haus wohnte, ganz verwandt. So
konnte Luisa mit der kleinen Familie alles besprechen, womit
sie nicht allein fertig zu werden vermochte.

Heute saß der Puppenvater mit seiner kleinen Tochter in
der Wohnstube und das Püppchen fragte gerade:

»Glaubst du, ein armes Mädchen würde sich an einer Puppenstube freuen?«

»Warum fragst du das?«

»Weil die Lehrerin gesagt hat, vergesst nicht, dass arme Kinder auch gern spielen. Bringt auch ein paar Spielsachen mit,
etwas, womit ihr selbst gern spielt.«

Der Puppenvater rührte sich nicht.

»Es ist wegen der Weihnachtsbescherung in der Schule«,
drängte das Puppenkind. »Du weißt doch …«

Luisa schüttelte den Puppenvater ein wenig. Da nickte er
mit dem Kopf.

»Das ist fein«, sagte Luisa, »dann werde ich ihr eine machen.«

Sie wandte sich befriedigt dem gepackten Ränzel zu. Der
war voll gestopft mit Strümpfen und Wollschals, Pullovern und
Mützen für die Jungen. Ein Kleid für die ältere Schwester lag
säuberlich verpackt daneben. Alle diese Sachen würde Luisa
morgen in die Schule mitnehmen für ihre arme Familie.

In den Adventswochen entwickelte sich in der Töchter-
schule am Holzdamm alljährlich große Geschäftigkeit; jede
Klasse bescherte eine arme Familie zu Weihnachten. Kaum
hatte die Schulglocke das Ende einer Unterrichtsstunde an-

gekündigt, so ging das Geschnatter los: es wurde gezählt, getauscht, Größenmaße verglichen, lange Listen geführt.

Die Zehnjährigen in Klasse VI – das war Luisas Klasse – mussten alles planen für die Bescherung der Familie Hofmeier: Mutter, drei Jungen und ein Mädchen. Der Vater war auf einem Bau verunglückt.

Luisa packte das Ränzel zum dritten Mal um: hatte sie auch wirklich alles?

Was ist arm?, dachte sie. Hänsel und Gretel waren arm. Sie hatten nichts mehr zu essen. Aschenputtel war arm und musste sehr arbeiten. Das Jesuskind war arm, es hatte keine Wiege. Aber auf den Bildern sehen Maria und Joseph immer sehr glücklich aus. Ist arm sein auch unglücklich sein? Wir sind nicht arm, aber Vater macht manchmal ein sorgenvolles Gesicht …

Es gab so vieles, worüber man nachdenken musste.

Würde das Mädchen sich wirklich freuen und glücklich sein über die Puppenstube?

In der Schule waren die Freundinnen eifrig tätig und Luisa mit ihnen. Langsam häuften sich die gesammelten Gaben: Mütter hatten haltbare Esswaren gestiftet, große Tüten mit Linsen und Bohnen, mehrere Büchsen mit Zucker und Mehl. Tanten hatten ihre Schränke ausgeräumt und für Frau Hofmeier warme Kleider, ja sogar einen Wintermantel geschickt. In der Klasse roch es wie in einer Backstube nach Rosinenstollen und Lebkuchen. Aber die Süßigkeiten, Zuckerkringel und Schokoladenringe, sollten von den Prämien bezahlt werden. Ach ja, die Prämien! Luisas Klasse sollte ein Weihnachtsgedicht auswendig lernen: ›Auf Grönlands Gletschern ruht die Winternacht‹. Wer das Gedicht ohne Fehler hersagen konnte, bekam eine Mark für die arme Familie. Das Gedicht hatte zwölf Strophen!

Luisa lernte und stotterte, morgens beim Aufstehen, auf dem Schulweg, vor dem Einschlafen. Aber es war wie verhext, wenn sie gerade dachte, nun hätte sie sich die sechste … oder die achte oder die letzte Strophe endlich eingeprägt, da fuhr ihr durch den Kopf, dass doch der kleine Fritz Hofmeier erst ein Paar Strümpfe hatte. Tante Helene musste einfach noch ein Paar Strümpfe stricken. Sie würde es sicher noch schaffen. Fritz war noch klein, und wenn Tante Helene strickte, klapperten und blitzten die Nadeln so schnell, dass es Luisa vor den Augen zu flimmern begann. Und dann musste sie mit dem Gedicht wieder von vorn anfangen.

Und Luisa bekam keine Prämie, die Erlebnisse des Missionars in Grönland versanken immer wieder, und als sie aufgerufen wurde, war sie nur bis zur fünften Strophe gekommen – ohne Stottern.

»Ja, ja mein Kind«, hatte die Lehrerin gesagt, »wenn man Gutes tun will, muss man sich eben auch dafür plagen.«

Warum eigentlich, hatte Luisa im Stillen gedacht, aber dann hatte sie ihr Sparschwein zerschlagen und Pfeffernüsse für das gesparte Geld gekauft. Ein ganzes Pfund … nur für die Familie Hofmeier.

Niemand aber wusste etwas von der Puppenstube für Ella – so hieß das arme Mädchen.

Die Puppenstube wurde prächtig. Während Luisa webte, klebte und häkelte, sprach sie leise mit Ella.

»Guck mal, aus diesen Pillenschachteln mit den kleinen Blumen darauf mache ich Stühle und ein Sofa … jetzt nähe ich die Matratze für das Bett aus schöner weicher Watte. Gefällt es dir so?«

Luisa hatte viele Einfälle. Zuletzt kaufte sie noch in dem kleinen Papierladen an der Ecke einen winzigen Tannenbaum. Die Lichter waren zwar nicht richtige Lichter, sondern nur Tröpfchen aus Siegellack, aber das Bäumchen sah hübsch aus auf dem kleinen Tisch. Schließlich setzte sie alle Möbel in die Kiste, die sie mit Buntpapier tapeziert hatte, und dann …

Endlich kam der Tag der Schulweihnachtsfeier heran. Das Klassenzimmer war mit Tannenzweigen geschmückt. Für jedes Mitglied der Familie Hofmeier war ein Gabentisch bereitet.

Der große Tannenbaum stand im Turnsaal, neben dem Harmonium. Die Kleinen aus den unteren Klassen hatten bunte Papierketten und Sterne aus Stroh gemacht und ihn prächtig hergerichtet.

Luisa musste mit ein paar Mädchen, die einen besonderen kleinen Chor bildeten, dicht um den Baum herumstehen. Sie genierte sich sehr. Viel lieber wäre sie bei ihren Freundinnen geblieben. Doch als sie nun alle die erwartungsvollen Gesichter der Armen sah, dachte sie: Nun will ich mich aber zusammennehmen und nicht mehr nur an Ella und die Puppenstube denken. Alle sollen sich jetzt freuen.

Die Gesangslehrerin spielte langsam und feierlich: ›Vom Himmel hoch, da komm ich her‹ und die Schulmädchen stimmten fröhlich ein.

Die Vorsteherin las das Weihnachtsevangelium. Luisa erschien es sehr lang. Sie war etwas ungeduldig und aufgeregt, denn danach musste sie allein singen. Vorsichtig räusperte sie sich. Dann schaute sie noch einmal zu den Gästen, den Armen, hinüber. Welches Mädchen war Ella? Ich möchte, dass es die dünne Blonde ist, die so vergnügt aussieht, dachte sie … Doch da kam das Vorspiel für ihr Lied warnend vom Harmonium her.

Der Chor sang:

Auf dem Berge, da wehet der Wind,

Da wiegt die Maria ihr Kind.

Jetzt Luisa:

Ach, Joseph, lieber Joseph mein,

Hilf du mir wiegen mein Kindelein.

Ihre klare, helle Stimme klang sehr lieblich durch den kleinen Saal. Dann die Antwort mit einer freundlichen Altstimme:

Wie soll ich dir helfen dein Kindlein wiegen,

Ich kann ja kaum selber die Finger biegen.

Und wieder Luisa ganz zart:

Schum schei, schum schei.

Die Gesangslehrerin nickte ihr freundlich zu. Luisa hatte es also gut gemacht. Ihr Blick suchte das Mädchen, das vielleicht Ella war.

Aber nun begann ein allgemeines Schurren und Schieben. Jetzt kam die Bescherung! Die Lehrerin steuerte die Familie Hofmeier in das richtige Klassenzimmer. Die kleine Gruppe stand etwas verschüchtert an der Tür, die Schülerinnen dahinter. Luisa sah, dass das vergnügte kleine Mädchen nicht Ella gewesen war. Ella war blass und ernst; aber hatte nicht auf der Familienbeschreibung gestanden, Ella sei zehnjährig? Sah sie nicht viel älter aus als sie selbst? Trotzdem ging Luisa jetzt energisch auf Ella zu und fasste sie bei der Hand:

»Komm, ich zeige dir deinen Tisch.«

Nun kam Leben in die Familie. Die Jungen durchwühlten die warmen Kleidungsstücke auf der Suche nach Süßigkeiten und Spielzeug. Als der große rote Ball zum Vorschein kam, gerieten sie einander in die Haare, wem er gehören sollte, und die Mutter musste energisch eingreifen. Dabei stopften sie sich Lebkuchen in den Mund. Mutter Hofmeier wickelte sich den Schal um ihre mageren Schultern und hielt sich die neue Schürze vor. Auch sie strahlte, denn mit Kennerblick hatte sie die großen Tüten mit Mehl und Zucker abgeschätzt und festgestellt, dass eine gute Zeit lang nicht nur trockenes Brot zum Abendessen auf ihrem Tisch erscheinen musste.

Ella und Luisa standen sich stumm gegenüber. Dann probierte Ella die wollenen Fäustlinge an. Luisa schob ihr die Pfeffernüsse zu. Aber Ella packte sie sorgsam in den mitgebrachten Korb. Das Kleid hielt sie sich sachgemäß an, nickte befriedigt, denn es schien die richtige Größe zu haben, und dann verstaute sie es ebenfalls.

Hinter den Mädchen stotterte Mutter Hofmeier: »Nein, so was! Und so feine Sachen! Und das haben alles die lieben Kinder zusammengebracht! Nein, so was!«

Auf Ellas Tisch stand nun nur noch die Puppenstube. Luisa zeigte darauf:

»Die ist für dich.«

Ella betrachtete die Puppenstube still und ernsthaft.

»Gefällt sie dir?«

Ella nickte. »Sie ist sehr schön«, sagte sie leise. »Ich werde sie mit in die Schule nehmen.«

»In die Schule?«, fragte Luisa erstaunt.

»Zu Hause machen die Jungen sie bloß kaputt.«

»Hättest du lieber ein anderes Spielzeug gehabt?«

»Ich habe keine Zeit zum Spielen. Ich helfe Mutter.« Das klang beinahe stolz. »In der Schule bleibt die Puppenstube schön und ich kann sie in der Pause angucken gehen.«

Am Abend saß Luisa wieder allein vor ihrem Puppenhaus. Das war in den vergangenen Wochen recht staubig geworden. Aber Luisa dachte nicht daran, es zu putzen. Sie konnte Ellas Gesicht nicht vergessen.

»Ich habe mir das ganz anders gedacht … sie hat sich nicht richtig gefreut … Ach, ich möchte auch lieber einen Bruder haben, der mein Puppenhaus kaputtmacht.« Dann zog sie langsam den Vorhang vor ihr verstaubtes Puppenhaus.

Aber dann kam eine Überraschung. Als Luisa am ersten Schultag nach den Ferien wieder die Klasse betrat, gab die Lehrerin ihr eine Postkarte, darauf stand auf säuberlichen Linien: »An das Mädchen von der Puppenstube. Liebes Mädchen, Mutter hat die Puppenstube oben auf den Schrank gestellt in unserer Schlafstube. Da können die Jungen nicht hingelangen. Ich guck sie jeden Abend vor dem Einschlafen an. Sie ist wirklich sehr schön. Mit Gruß und Dank Ella Hofmeier.«

Lee Maril

Der kleine Nimmersatt

Ich wünsche mir ein Schaukelpferd,
'ne Festung und Soldaten
Und eine Rüstung und ein Schwert,
Wie sie die Ritter hatten.

Drei Märchenbücher wünsch ich mir
Und Farben auch zum Malen
Und Bilderbogen und Papier
Und Gold- und Silberschalen.

Ein Domino, ein Lottospiel,
Ein Kasperletheater,
Auch einen neuen Pinselstiel
Vergiss nicht, lieber Vater!

Ein Zelt und sechs Kanonen dann
Und einen neuen Wagen
Und ein Geschirr mit Schellen dran,
Beim Pferdespiel zu tragen.

Ein Perspektiv, ein Zootrop,
'ne magische Laterne,
Ein Brennglas, ein Kaleidoskop –
Dies alles hätt ich gerne.

Mir fehlt – ihr wisst es sicherlich –
Gar sehr ein neuer Schlitten,
Und auch um Schlittschuh möchte ich
Noch ganz besonders bitten.

Um weiße Tiere auch von Holz
Und farbige von Pappe,
Um einen Helm mit Federn stolz
Und eine Flechtemappe.

Auch einen großen Tannenbaum,
Dran hundert Lichter glänzen,
Mit Marzipan und Zuckerschaum
Und Schokoladenkränzen.

Doch dünkt dies alles euch zu viel,
Und wollt ihr daraus wählen,
So könnte wohl der Pinselstiel
Und auch die Mappe fehlen.

Als Hänschen so gesprochen hat,
Sieht man die Eltern lachen:
»Was willst du, kleiner Nimmersatt,
Mit all den vielen Sachen?

Wer so viel wünscht« – der Vater spricht's –
»Bekommt auch nicht ein Achtel –
Der kriegt ein ganz klein wenig nichts
In einer Dreierschachtel.«

Heinrich Seidel

Der gläserne Vogel

Die Schachtel mit dem Christbaumschmuck war groß und grün und mit Sternen bedruckt. Keine andere Schachtel auf dem Speicher sah von außen so feierlich aus. Schon daran merkte man, dass etwas Besonderes darin lag.

Da gab es Eiszapfen und schillernde Kugeln. Es gab Engel aus Wachs und Glitzerpapier. Es gab Sterne aus Strohhalmen und Glocken mit einem hellen Klang.

Das Schönste aber war der gläserne Vogel. Er war der älteste unter all dem Christbaumschmuck. Ja, er war sogar der älteste in Xanders Familie. Schon der Urgroßvater hatte ihn jedes Jahr an den Christbaum gehängt.

Seit dem ersten Advent juckte es Xander in den Fingern – juckte und juckte. Er wollte den Vogel vor Weihnachten sehen und anfassen.

Der Nikolaustag ging vorbei, der zweite Advent und der dritte – und eines Tages hielt Xander es nicht mehr aus. Als die Mutter zum Laden an der Ecke gegangen war, nahm er den Speicherschlüssel vom Haken und schlich die Speichertreppe hinauf. Oben war es dunkler als im Treppenhaus und stiller. Xanders leise Schritte schienen zu dröhnen. Kaum bekam er das Schloss auf vor Aufregung.

Er holte die Schachtel aus ihrem Winkel und stellte sie dahin, wo mehr Licht war. Dann knüpfte er den Bindfaden auf, hob den Deckel hoch – und sah lauter Seidenpapier. Die Mutter wickelte jedes Stück immer sorgfältig ein.

Für die Eiszapfen nahm sie hellblaues Papier, für die Kugeln grünes, für die Engel rotes, für die Glocken gelbes und für die Sterne rosa Papier. Doch all die bunten Farben ließen Xander kalt. Seine Augen suchten das weiße Papier, in das der gläserne Vogel eingeschlagen war. Als er es berührte, kribbelten seine Finger – als ob er etwas Elektrisches anfasste. Behutsam wickelte Xander ein weißes Papier ab und noch eins und ein drittes. Und da lag der Vogel – mit Schwanz- und Flügelspitzen aus gesponnenem Glas.

Die Dämmerung kroch durch die Speicherfenster, aber der Vogel schimmerte. Ein geheimnisvolles Licht ging von ihm aus. Ein Licht, das die Dämmerung verscheuchte.

Doch wer sich so lange nach etwas gesehnt hat, dem ist Anschauen auf die Dauer zu wenig. Und schon hielt Xander den Vogel in beiden Händen. Er war leichter als ein Schmetterling und er sah lebendig aus – sein Herz klopfte. Aber das war Xanders eigenes Herz. Es klopfte und pochte – pochte und klopfte. Und seine Hände waren feucht und glitschig.

Und plötzlich gab es keinen gläsernen Vogel mehr – nur noch Splitter. »Oh«, sagte Xander, und in seiner Stimme klang solch ein Schrecken, als hätte er eine Scheune angezündet. »Oh!« Lange saß er da und hielt die Splitter aneinander – ob man sie vielleicht kleben konnte?

Doch wie soll jemand winzige Splitter kleben!

Wenn ich den gläsernen Vogel nicht ganz machen kann, muss ich einen neuen finden, dachte Xander. Aber wo fand man einen Vogel, der so alt war, dass er schon am Christbaum des Urgroßvaters gehangen hatte? Womöglich beim Trödler, der mit alten Sachen handelte.

Ohne die großen und kleinen Splitter wegzuschieben, lief er die Treppen hinunter.

Der eine Trödelladen lag am Elefantenweg. Als Xander die Tür aufmachte, schepperte die Messingglocke – und beim Zumachen noch einmal. Grell und laut schepperte sie und der dürre, vertrocknete Mann im Laden schaute mürrisch drein.

»Ich …«, stotterte Xander. »Ich – wollte – bloß fragen, ob Sie – einen alten gläsernen Vogel haben.«

»Hinten«, brummte der Mann und zeigte mit dem Daumen über die Schulter. Es standen drei gläserne Vögel in der Ecke – große hässliche Viecher mit aufgesperrtem Schnabel.

»Nicht solche«, sagte Xander. »Ich möchte einen für den Baum.«

»Ich verkaufe keinen Christbaumschmuck«, entgegnete der Mann und sah ihn zornig an.

»Ich hab's nicht bös gemeint«, murmelte Xander und rannte hinaus. Hinter ihm schepperte die Messingglocke.

Aus einem Laden fiel Neonlicht auf die Brunnenfigur und malte ihr ein Gespenstergesicht mit dunklen Augenhöhlen. Inzwischen war es dunkler und kälter geworden. Schneesterne tanzten in der Luft – und der Atem stand wie Rauch vor Xanders Mund.

Er bog in den Bärengraben ein, wo der andere Trödelladen war.

Von außen ähnelte er dem am Elefantenweg – mit den bemalten Schalen und Gläsern, den zinnernen Bechern und Tellern, den Ketten und Ringen aus Korallen und Granaten. Auch innen gab es keinen großen Unterschied. Nur stand hier kein vertrockneter Birnenmann, sondern eine Frau mit einem Gesicht, so weich wie ein Kopfkissen. Und die Glocke an der Tür läutete in lauter verschiedenen Tönen, fast wie ein Glockenspiel.

»Haben Sie zufällig einen gläsernen Vogel?«, fragte Xander.

»Einen gläsernen Vogel?«, wiederholte die Bärengruberin. »Was für einen meinst du denn?«

»Einen für den Christbaum, einen ganz alten.« Und er erzählte die Geschichte von dem Vogel, den schon der Urgroßvater an seinen Baum gehängt hatte.

»Solche Vögel sind rar«, antwortete die Bärengruberin. »Wie hieß sie nur gleich, die alte Dame, die mir einen angeboten hat? Pawlowski? Kaminski? Wondraschek? Nein, es war ein anderer Name – aber sie wohnt in der Paradiesgasse.«

»Und – haben Sie ihn genommen, den gläsernen Vogel aus der Paradiesgasse?«, fragte Xander atemlos.

Die Bärengruberin schüttelte den Kopf.

»Dann hat sie ihn vielleicht noch – die alte Dame mit dem schwirigen Namen?«

»Kann sein. Kann auch nicht sein.«

»Danke«, sagte Xander. Er ging hinaus, und das Glockenspiel läutete in lauter verschiedenen Tönen.

Die Paradiesgasse war die kleinste von allen Gassen der Stadt. Auf jeder Seite standen sieben Häuser. Doch wer in zwei mal sieben Häusern nach einer alten Dame fragen muss, deren Namen er nicht kennt – dem kommt die Paradiesgasse ziemlich groß vor.

Xander fing im ersten Haus auf der linken Seite an.

»Wohnt hier eine alte Dame?«, fragte er die junge Frau, die im Erdgeschoss die Tür aufmachte.

»Du sollst wohl etwas abgeben und hast den Namen vergessen«, meinte die junge Frau und lachte.

Xander nickte. Dass er etwas abholen wollte, war bestimmt nicht weiter wichtig.

»Im zweiten Stock wohnt Frau Neugebauer. Ist das der richtige Name?«

»Nein«, entgegnete Xander, »er muss schwieriger sein.«

»Dann fragst du besser im nächsten Haus.«

»Wohnt hier eine alte Dame mit einem schwierigen Namen?«, fragte Xander im Haus gegenüber.

»Nein, hier wohnt ein alter Mann, und der heißt Huber –

ganz einfach Huber«, sagte der alte Mann und lachte schallend wie über einen richtig guten Witz.

»Wohnt hier eine alte Dame?«, fragte Xander den großen Jungen an der Tür nebenan.

»Bei uns nicht. Wie heißt sie denn?«

»Ziemlich schwierig – und sie hat einen gläsernen Vogel«, antwortete Xander verlegen.

»Du hast selber einen Vogel. Klingelst die Leute heraus und weißt nicht, zu wem du willst.« Die Tür fiel zu und Xander stand allein im Treppenhaus.

»Wohnt hier eine alte Dame?«, fragte Xander viele Häuser später. Er hatte es schon so oft gefragt, dass er nicht einmal hochschaute. Wahrscheinlich lebten überhaupt keine alten Damen in der Paradiesgasse – keine mit einem schwierigen Namen. Wahrscheinlich hatte die Bärengruberin sich geirrt und Xander suchte in der falschen Gasse.

»Ja, hier wohnt eine alte Dame«, sagte eine helle Stimme, und der Junge hob den Kopf. Vor ihm stand eine alte Dame mit silbergrauem Haar und rosa Backen. »Oh«, sagte er und vergaß weiterzusprechen. Wenn es in der Paradiesgasse einen gläsernen Vogel gab, musste er hinter dieser Tür zu finden sein.

»Du willst also eine alte Dame besuchen und weißt noch nicht genau, welche«, sagte die alte Dame.

»Sie muss einen sehr schwierigen Namen haben«, erklärte Xander.

»Ist Rosinski schwierig genug?«

Xander nickte. Von dem Vogel sagte er noch nichts, weil man fremden Leuten nicht gleich mit einem gläsernen Vogel in die Tür fallen kann. Bei einem schwierigen Namen musste alles andere leicht sein. Jedenfalls war es sehr leicht, Fräulein Rosinski zu besuchen. Ehe sich's Xander versah, saß er bei ihr im Zimmer und hatte einen Teller voll Lebkuchen vor sich stehen.

»Zum Essen bin ich eigentlich nicht hergekommen«, meinte er, als nur noch Krümel übrig waren.

»Nein? Hat es dir nicht geschmeckt?«

»Doch«, entgegnete Xander – und erst jetzt sah er sich um. Ein alter Schreibtisch stand da, den man zuklappen konnte – einer mit eingelegten farbigen Hölzern. Die Polster vom Sofa und von den Sesseln waren mit Blumen und Schmetterlingen bestickt. Hinter den Bildern steckte Tannengrün und in einem rubinroten Glas goldene Grashalme. Und – unter der Lampe mit den Glastropfen hing ein gläserner Vogel – ein Zwilling von dem, dessen Splitter auf dem Speicher lagen.

»So einen Vogel haben wir auch daheim.« Xander machte eine Pause. »Bis heute Nachmittag hatten wir ihn.«

»Und wo ist er jetzt?«, fragte Fräulein Rosinski. »Ist er weggeflogen?«

Xander ließ den Kopf hängen.

»Er ist also nicht weggeflogen«, sagte Fräulein Rosinski.

»Nein. Ich hab ihn zerbrochen.«

»Schade, dass wir uns nicht früher begegnet sind«, sagte Fräulein Rosinski und blickte zu dem gläsernen Vogel hinauf. »Vorige Woche hat er noch einen Zwillingsbruder gehabt. Der ist mir beim Staubwischen heruntergefallen. Man soll nicht zu reinlich sein, wenn man mit einem gläsernen Vogel umgeht.«

»Ich bin zu neugierig gewesen«, sagte Xander leise.

Fräulein Rosinski nahm zwei Dosen aus dem Regal – eine blaue und eine weiße. In der weißen war Musik – eine zarte Melodie, als ob silberne Hämmer auf Glas schlügen. In der blauen waren Schokoladenplätzchen. Winzige Schokoladenplätzchen, die jemand für Elfen gemacht haben musste. In Xanders Jungenhand war Platz für alle – aber er durfte nur immer eins nehmen. »Die sind für Mädchen«, sagte er. »Darf ich noch einen Lebkuchen haben?«

Einen Lebkuchen bekam er nicht, weil keine mehr da waren, aber einen Ingwerkeks.

»Er brennt ein wenig«, warnte Fräulein Rosinski ihn. »Fast wie schlechtes Gewissen.«

Schlechtes Gewissen im Mund war ein komisches Gefühl –

und plötzlich sah Xander die Splitter des gläsernen Vogels auf dem Speicher liegen. »Ich muss es meiner Mutter erzählen«, sagte er.

Fräulein Rosinski kramte in einer Schublade und gab ihm eine kleine rote Lackdose.

»Da tust du die Splitter hinein«, schlug sie vor, »und deine Mutter bindet einen silbernen Faden darum.«

»Dann kann er ja doch oben am Christbaum schweben – der silberne Vogel – und niemand weiß, dass er es tut.«

»Beinah niemand«, bestätigte Fräulein Rosinski. »Und jetzt lauf heim. Es ist spät.«

»Danke für alles«, sagte Xander. »Auf Wiedersehen!«

Als er draußen stand, kam ihm die Paradiesgasse ganz verzaubert vor. Kaum wusste er noch die Richtung und er machte einen Umweg über den Bärengraben. Einen Augenblick schaute er zur Ladentür der Bärengruberin hinein – und das Glockenspiel läutete in lauter verschiedenen Tönen. »Sie heißt Fräulein Rosinski!«, rief er der Bärengruberin zu, die gerade einen alten Rauschgoldengel einwickelte.

»Natürlich, Fräulein Rosinski«, sagte sie. »Wie ich das bloß vergessen konnte!«

Und Xander ging weiter – an der Bäckerei vorbei und zur Brunnenfigur. Noch immer hatte sie ein Gespenstergesicht mit dunklen Augenhöhlen; denn noch immer fiel Neonlicht aus dem Laden.

Was Xander seiner Mutter erzählte, blieb ein Geheimnis. Doch am Weihnachtsabend schwebte eine kleine rote Lackdose über den Eiszapfen und Strohsternen. Lautlos schwang sie hin und her. War es die Kerzenwärme, die die Lackdose schwingen ließ? War es ein Luftzug vom Fenster her?

Es konnte auch das Herz des gläsernen Vogels sein, das noch immer klopfte und pochte.

Eva Marder

Sternschneiden

Zieh dein Mützlein auf die Ohren,
Nachts hat's Engelhauch gefroren,
Und der Wind mit seiner Scher'
Schneidet Sterne, immer mehr.
Sterne dort und Sterne hier,
Komm, wir kaufen Buntpapier,
Und wir schneiden Sterne auch,
Aber nicht aus Engelhauch,
Weil wir ja nur Menschen sind.
Himmelsschnee schneit nur der Wind.

Christine Busta

Vom Christkind

Denkt euch – ich habe das Christkind gesehn!
Es kam aus dem Walde, das Mützchen voll Schnee,
Mit gefrorenem Näschen.
Die kleinen Hände taten ihm weh;
Denn es trug einen Sack, der war gar schwer,
Schleppte und polterte hinter ihm her –
Was drin war, möchtet ihr wissen?
Ihr Naseweis, ihr Schelmenpack –
Meint ihr, er wäre offen, der Sack?
Zugebunden bis oben hin!
Doch war gewiss was Schönes drin:
Es roch so nach Äpfeln und Nüssen!

Anna Ritter

Der Königssohn auf dem Christkindlmarkt

Vor wohl hundert Jahren, als es in Deutschland noch Könige gab, lebte in Bayern ein kleiner Prinz namens Ludwig. Er war acht Jahre alt und sollte einmal als König sein Land regieren. Doch es fiel dem Bub sehr schwer, sich königlich zu benehmen. Er verstand einfach nicht, warum er wie ein Stock so steif und aufrecht bei der Tafel sitzen musste, warum er nicht mit den Kindern in der Stadt im Rinnstein Murmel spielen durfte und warum er nur in der Karosse durch die Straßen fahren und nie allein spazieren gehen durfte. Er bekam täglich Unterricht in höfischen Sitten und übte die Zeremonien fleißig. Aber hin und wieder passierte es ihm doch, dass er den Ellenbogen beim Essen aufstützte oder mit seinen weißen Glacéhandschuhen in die Erde fasste, um nach einem Wurm zu schnappen. »Aber, aber … Königliche Hoheit!«, pflegte sein Erzieher bei solchen Gelegenheiten zu sagen. Und er machte ein Gesicht dazu, als hätte er aus Versehen einen Frosch verschluckt.

An einem schönen, warmen Herbsttag saßen der kleine Prinz Ludwig und sein Erzieher auf einer Bank im Schlosspark. Beide hielten ein Buch in der Hand. Der Erzieher las aufmerksam, der Prinz tat nur so, als würde er lesen. In Wirklichkeit überlegte er, wie er sich davonstehlen könnte, um ein wenig allein im Park herumzuspazieren. Er wusste, der Erzieher war ein Bücherwurm, und wenn er las, passte er nicht mehr so genau auf.

»Ich gehe einen Strauß Herbstblätter pflücken!«, sagte der Prinz.

Der Erzieher hatte nichts dagegen einzuwenden. »Aber bleiben Sie bitte in der Nähe, Königliche Hoheit!«, antwortete er.

Der Prinz stand auf und ging gemessenen Schrittes ein Stück auf dem Weg. Dann lief er los, quer durch die Wiese, zur nahen Schlossmauer. Er ging an der Mauer entlang und suchte einen hohen Baum. Auf den wollte er hinaufklettern und schauen, was es jenseits der Schlossmauer zu sehen gab.

Da kam er an ein eisernes Tor. Es war fest verschlossen und verrostet. Der Prinz schaute zwischen den Stäben des Tores auf einen Weg hinaus. Jetzt sollen Leute vorbeigehen, wünschte er sich. Er mochte die Leute aus der Stadt gerne ansehen und reden hören, denn sie waren lustiger gekleidet als die Schlossbewohner und redeten nicht so geziert.

Plötzlich kam ein kleiner Bub auf dem Weg daher. Als er den Prinzen sah, blieb er stehen.

»Komm doch her!«, rief der Prinz.

Der Bub kam schüchtern näher.

»Ich bin der Prinz Ludwig«, sagte der Prinz, »und wie heißt du?«

»Fridolin!«

»Wie alt bist du?«

»Acht Jahre!«, antwortete Fridolin.

»Ich auch!«, sagte der Prinz. »Mein Vater ist König und meine Mutter Königin. Was sind deine Eltern?«

»Meine Mutter ist Köchin im Schloss und mein Vater Stallmeister!«, erwiderte Fridolin.

»Erzähle mir bitte«, bat der Prinz, »was du den ganzen Tag tust.«

Da erzählte Fridolin dem kleinen Ludwig, dass er in die Schule gehe, dass er nachmittags Hausaufgaben mache, dass er im Sommer zum Baden gehe in den Kanal und im Winter mit seinen Freunden zum Schlittenfahren …

»Königliche Hoheit, wo sind Sie?«, rief da der Erzieher.

Der Prinz sagte schnell: »Geh doch morgen zu deiner Mutter in die königliche Küche und komm um zwei Uhr in den langen Flur vor den Speisekammern. Dort warte ich auf dich!« Und geschwind lief er davon.

Am nächsten Tag nach dem Mittagsmahl begab sich der Erzieher zur Mittagsruhe. Der Prinz ging auch in sein Schlafgemach. Aber schon bald schlich er auf Zehenspitzen wieder hinaus. Er musste an einem Diener vorbei, der vor einer Türe saß und Wache hielt. Was mach ich nur, dachte er, er darf mich nicht sehen, sonst verklatscht er mich. Aber als er näher kam, da sah er, dass dem Wächter die Samtmütze ins Gesicht gerutscht war, und er hörte ihn schnarchen.

Auf dem Flur vor den Speisekammern stand schon Fridolin und winkte. Die beiden verschwanden hinter einem großen roten Samtvorhang. Fridolin erzählte vom Räuber-und-Gendarm-Spielen. Besonders lustig fand der Prinz die Streiche, die Fridolin ausgeheckt hatte. »Einmal hab ich eine Tüte lebender Fliegen gefangen«, berichtete Fridolin stolz, »und ich hab sie im Schulzimmer fliegen lassen! Das war ein Spaß, als die Viecher umhergeschwirrt sind, dass keiner mehr hat lernen können! – Der Lehrer hat mich aber erwischt und einen Nachmittag lang eingesperrt.«

Der Prinz erzählte von seinem Erzieher: »Er hat ein Gesicht wie ein Esel, große, abstehende Ohren und wenig Haare.« Dann machte er die Grimassen und die Redensarten des Erziehers so drollig nach, dass Fridolin sich den Mund zuhalten musste, um nicht laut zu lachen und sie zu verraten.

So wurden der Prinz und Fridolin dicke Freunde. Jeden zweiten Tag verabredeten sie sich hinter dem Vorhang.

Es war schon Winter geworden, und bis Weihnachten war es nicht mehr lange hin, als Fridolin einmal mit besonders roten Backen zum Vorhang kam. »Ich war mit meiner Mutter auf dem Christkindlmarkt!«, erzählte er strahlend.

»Was ist der Christkindlmarkt?«, fragte der kleine Ludwig.

Nun beschrieb ihm der Freund ganz genau das bunte Treiben auf dem Weihnachtsmarkt, die Buden mit Kugeln, Kerzen und Flitterkram, mit Krippenfiguren, Rauschgoldengeln und Zinnsoldaten.

Da wünschte sich der Prinz: »Wenn ich nur auch zum Christkindlmarkt gehen könnte – da muss es schön sein! Ach, wär ich doch nur kein Prinz!« Plötzlich lachte der kleine Ludwig und sagte: »Fridolin, ich hab eine wunderbare Idee! – Ich ziehe deine Kleider an, dann erkennt mich niemand mehr. So geh ich zum Christkindlmarkt!«

Fridolin war begeistert. »Eine zweite Hose hab ich daheim und ein Hemd auch! Meinen Mantel kannst du anziehen und meine Mütze und den Schal. Ich bleib bei meiner Mutter in der Küche, bis du wiederkommst! – Nur Schuhe hab ich nicht für dich, das hier ist mein einziges Paar.«

»Macht nichts!«, sagte der Prinz. »Ich lass meine Schuhe an, das merkt schon keiner!«

Am nächsten Tag brachte Fridolin die Kleider. Er hielt sie unter seinem Mantel versteckt. Der Prinz zog sich um und ließ die königlichen Gewänder hinter dem Vorhang liegen. Mit der blauen Wollmütze, die er tief ins Gesicht zog, und dem einfachen Mäntelchen sah er ganz verändert aus. Als er noch den Schal vor den Mund band, wie es Kinder manchmal tun, um sich vor der Kälte zu schützen, war er nicht mehr zu erkennen. Nur die weißen Strümpfe und die Schnallenschuhe passten nicht zu seiner Aufmachung.

»Alles Gute, Ludwig!«, wünschte Fridolin ihm zum Abschied. »Und schau dir ja das Regiment Zinnsoldaten an, das in der Spielzeugbude steht!«

Der Prinz ging zum Dienstbotenausgang. Niemand erkannte ihn. Die Wache ließ ihn anstandslos zum Tor hinausspazieren.

Draußen lief der Prinz zur großen Straße. Er wartete, bis ein Fuhrwerk vorbeikam, und winkte dem Kutscher. Der hielt an: »Wo geht's zum Christkindlmarkt?«, rief er zum Kutschbock hinauf.

»Oje, Bub, das ist weit!«, antwortete der Mann. »Aber steig auf, ich nehm dich ein Stück mit!«

Ludwig kletterte auf den Wagen und los ging's, quer durch die Stadt. Obwohl der Prinz erbärmlich fror, denn er war es nicht gewohnt, auf einem offenen Wagen zu sitzen, fand er die Fahrt wunderschön.

Nach einer guten halben Stunde sagte der Kutscher: »Jetzt musst absteigen, Bub!«, und er erklärte ihm genau den Weg zum Christkindlmarkt.

Da lief der kleine Ludwig durch die Straßen zwischen den Leuten umher, wie er es sich immer gewünscht hatte. Erst war ihm ein bisschen ängstlich zu Mute, er fürchtete, dass ihn vielleicht doch jemand erkennen könnte. Aber als die Leute ihn gar nicht beachteten, da wurde er lustig und pfiff vor sich hin.

Schon von weitem stiegen dem Bub die Düfte des Christkindlmarkts in die Nase, und als er dann all die bunten Buden sah, da meinte er, er sei im Himmel.

Zuerst kam er zu einem Stand mit Spielsachen. Da standen kleine Pferde und Kühe, Schafe, Hunde und Hühner, kleine Häuschen und Kirchen, Bauern, Bäuerinnen, Zäune und Bäumchen, und keines der Dinge war größer als der halbe kleine Finger des Prinzen! Am besten gefiel ihm ein kleiner Wagen. Der war mit bunten Blumen bemalt und wurde von zwei braun gefleckten Pferdchen gezogen. Auf dem Wagen saßen ein Bräutigam und eine Braut.

In der nächsten Bude gab es viele bunte Lebkuchen, herzförmige und viereckige, wie sie der Prinz noch nie gesehen hatte. Sie waren mit weißem, rotem, hellblauem und rosafarbenem Zuckerguss über und über verziert und mit Perlen und Schleifchen besteckt. Ihr Duft war stark und würzig und mischte sich mit dem der Bratwürstel in der nächsten Bude.

Langsam schlenderte der kleine Ludwig dann zu einem Stand, der war ganz behängt mit Christbaumkugeln, großen und kleinen, roten, grünen, goldenen und silbernen, rosafarbenen und violetten; mit Trompeten und Glocken aus buntem Glas, mit silbernen Vögeln, glitzernden Fischen und Flittersternen.

Dann kam der Prinz zu einer dicken Mandelverkäuferin. Sie rührte in einem gusseisernen Kessel, der auf einem Kohleöfchen stand. In dem schwarzen Kessel sprudelte eine dunkelrote Masse. Der Prinz schaute der Frau aufmerksam zu. Da deutete sie auf den Haufen roter Zuckermandeln in einer Kupferschüssel. »Nimm dir eine!«, sagte sie und lachte aus vollem Hals, als der Prinz zaghaft zulangte und das süße, heiße Ding vorsichtig in den Mund schob. Er hatte noch nie gebrannte Mandeln gegessen.

Langsam wurde es dunkel und es begann ein wenig zu schneien. Der Prinz kam zu einer Bude mit Krippenfiguren. Ein alter Mann, der selber aussah wie der heilige Joseph mit seinem langen Bart, verkaufte die Figuren. Verzaubert stand der Prinz da und schaute auf die Hirten und Könige, auf die vielen kleinen Christkindl aus rosa Wachs, auf die Schafe, Kamele und Pferde. Gleich vor dem Prinzen stand ein wunderschöner Engel. Er war aus Holz geschnitzt und zart bemalt. Sein Gewand war aus Goldfäden gewirkt, die Ärmel waren mit weißer Spitze verziert. Auf dem Kopf trug der Engel eine Krone mit einer kleinen rosa Flaumfeder. Der kleine Ludwig konnte sich von dem Engel nicht trennen. Die Leute, die etwas bei der Bude kaufen wollten, schoben ihn immer wieder weg. Aber er drängte sich wieder hin. Er wünschte sich sehr, dass er den Engel mitnehmen könnte ins Schloss, und er überlegte, was er tun könnte, um ihn zu bekommen.

Plötzlich kam ihm der Gedanke, den Engel einfach zu nehmen, wenn der Budenbesitzer nicht aufpasste. Das darfst du nicht!, sagte eine Stimme in ihm. Aber schon packte seine Hand den goldenen Engel und schob ihn unter den Mantel, während seine Beine im gleichen Augenblick losrannten.

Der Budenbesitzer hatte ihn gerade noch gesehen und rief: »Haltet den Dieb! Der Bub mit der blauen Mütze ist's.« Die Leute schauten verdutzt drein, sie verstanden nicht gleich, was geschehen war.

Schon war ein dicker Wachtmeister mit einer Pickelhaube zur Stelle. Er rannte, so schnell er es mit seinen kurzen Beinen konnte, hinter dem Prinzen drein.

Da stolperte der Bub und fiel der Länge nach auf den

schmutzigen, nassen Gehsteig. Der Engel schlug auf den Boden auf, seine Flügel brachen ab und kollerten in den Rinnstein. Der Prinz hatte nicht Zeit, sie aufzuheben. Er griff nach dem Engel, sprang wieder auf die Füße und lief weiter. Aber der Schutzmann hatte ihn schon fast eingeholt. An der nächsten Straßenecke packte er ihn von hinten am Kragen.

»Bürschchen, hab ich dich endlich!«, schrie er. Sein dickes Gesicht war blaurot vor Zorn und sein Schnurrbart bebte. Er riss dem kleinen Ludwig den Engel aus der Hand. »Jetzt marsch, auf die Wache!«, rief er und schob den Bub vorwärts.

Auf der Wache holte der Wachtmeister ein dickes Buch, eine Feder und ein Tintenglas. Er schlug das Buch auf, tauchte die Feder in die Tinte und fragte: »Wie heißt du?«

»Prinz Ludwig!«, antwortete der Bub.

Da warf der Wachtmeister seine Feder hin und sprang vom Stuhl auf. »Du kriegst ein paar saftige Ohrfeigen, wenn du auch noch frech wirst!«, schrie er und beugte sich drohend über den Schreibtisch.

»Aber, Herr Wachtmeister«, sagte der Prinz kleinlaut, »ich sag doch die Wahrheit! Mein Vater ist wirklich der König!«

Der Schutzmann musterte ihn von oben bis unten. An den weißen Strümpfen und den Schnallenschuhen blieb sein Blick hängen. Aber sie waren zu verschmutzt, um die königliche Herkunft des Buben zu beweisen. Er donnerte wieder: »So ein Lümmel wie du will der Sohn des Königs sein! So was hab ich doch noch nie erlebt! – Wenn du nicht gleich deinen Namen sagst, dann …«

In diesem Augenblick kam ein anderer Schutzmann zur Tür herein. Er war außer Atem und sehr aufgeregt. »Der Königssohn wird vermisst!«, rief er. »Es sieht so aus, als wäre er aus dem Schloss davongelaufen.« Und als er den Prinzen sah, sagte er: »Sperr die Rotznase solange ein, wir müssen sofort ausschwärmen und den Königssohn suchen!«

Da war der dicke Wachtmeister völlig verwirrt. »Dieser Lümmel da behauptet, er sei der Königssohn!«, erklärte er. »Er hat etwas gestohlen!« Beide Wachtmeister machten ein ganz verzweifeltes Gesicht.

Der Prinz versuchte zu erklären, wie er zu den Kleidern gekommen sei und warum er den Engel gestohlen habe, und er bat so lange, bis der Schutzmann doch einen Boten ins Schloss sandte. Bald darauf wurde der Prinz in einer Karosse von der Wache abgeholt.

Als der König seinen Sohn sah, packte ihn ein großer Zorn, und er verhaute ihm eigenhändig das Hinterteil. Dann übergab er ihn der Obhut des Kammerdieners. Der Prinz wurde gebadet und wieder in seine königlichen Gewänder gesteckt.

Den Engel ohne Flügel brachte der Wachtmeister dem Budenbesitzer zurück. Er verschwieg dabei nicht, dass es der Königssohn war, der ihn gestohlen hatte. Der Budenbesitzer hatte seinen Ärger schon vergessen und lachte: »Der Prinz ist halt auch nicht anders als die anderen Lausbuben. Sicher hat ihm der Engel so gut gefallen, dass er ihn hat stibitzen müssen!«

Am Heiligen Abend lag auf dem Gabentisch des kleinen Ludwig ein Paket, das sehr abstach von den übrigen Päckchen. Es war nämlich in grobes Papier eingewickelt. Der Prinz machte es neugierig auf. In der Schachtel lag – der Engel vom Christkindlmarkt! Ein kleines Brieflein lag dabei, darauf stand mit ungeschickter Hand geschrieben: »Lieber Prinz Ludwig, ich schenke Ihnen den goldenen Engel, die Flügel habe ich leider nicht mehr gefunden. Ein frohes Weihnachtsfest wünscht A. Wachtelhuber, Budenbesitzer.«

Ricarda Heidrich

Das Geschenk

Allabendlich, wenn das kleine Mädchen sein Gewissen erforschte, stieß es, unter wechselnden kleinen Vergehen, stets auf die gleiche große Sünde: Ich kann das Fräulein nicht leiden. Diese Sünde kehrte so regelmäßig wieder, dass das kleine Mädchen selbst sie mit einer gewissen Ungeduld konstatierte und fast vorwurfsvoll zum lieben Gott sagte: »Ich kann schon wieder das Fräulein nicht leiden!« Eigentlich war es beinahe ein wenig böse auf den lieben Gott, denn er hätte doch so leicht sein Herz umwandeln und mit jener Liebe erfüllen können, die man dem Nächsten schuldet.

Das kleine Mädchen wusste genau, wie gefährlich es sei, einen Menschen nicht zu mögen, das konnte zu dem ärgsten Verbrechen führen, vielleicht sogar zu Mord. Freilich, heute schrak es noch vor dem Gedanken zurück, das Fräulein zu ermorden, aber wenn es sich nicht bald besserte, so würde die Sünde in ihm immer größer werden, und was schließlich geschehen konnte, war nicht auszudenken.

Das kleine Mädchen wandte alle geistigen Hilfsmittel an, die der Herr Katechet es gelehrt hatte. Ja, ich weiß, der Heiland ist auch für das Fräulein gekreuzigt worden, hat mit seinem Blut auch das Fräulein erlöst; aber – es schnauft so, wenn wir bergauf gehen, wie der Bully, die liebe, dicke Bulldogge, nur dass es mich bei Bully nicht stört. Und das Fräulein will, wenn wir im Wald sind, nie Räuberhauptmann spielen, und immer sagt es, ich solle nicht vergessen, dass ich kein Bub sei, sondern ein Mädchen, und ich wäre doch so gern ein Bub … Und jetzt hat es sich ein grässliches Kleid genäht, changeant Seide, so drei Farben, die schimmernd ineinander übergehen, lauter hässliche Farben. Und wegen dieses dummen Kleides habe ich meine ewige Seligkeit gefährden müssen, weil das Fräulein mich gefragt hat, ob es schön sei. Man darf keinem

Menschen die Freude an etwas verderben, das weiß ich, deshalb habe ich »ja« gesagt, was eine Lüge war. Und lügen darf man auch nicht. Es ist furchtbar.

Das kleine Mädchen blickte zu dem vom Plafond hängenden Mistelzweig empor. In drei Wochen ist Weihnachten, dachte es. Und ich habe der Großmutter versprochen, die ganze Adventszeit hindurch lieb zu sein. Auch mit dem Fräulein. Wenn es nur nicht so dick wäre und nicht so schnaufen würde! Die Großmutter hat gesagt, vielleicht werde auch ich, wenn ich alt bin, dick und muss dann schnaufen, aber das kann ich nicht glauben. Und dieses Jahr fährt das Fräulein über Weihnachten nicht nach Hause. Es ist schrecklich. Und überhaupt …

Das kleine Mädchen blies die Kerze aus – diese Geschichte spielt zu einer Zeit, da in den Schlafzimmern noch Kerzen brannten und die Kinder gelehrt wurden, dass es auch außer ihnen noch Menschen auf der Welt gebe, auf die man Rücksicht nehmen müsse –, legte sich aufs Kissen zurück und wollte schlafen. Aber die große Sünde hielt es noch eine Zeit lang wach. Es dachte an seinen allerliebsten Heiligen, den heiligen Franziskus von Assisi. Ob er das Fräulein lieb gehabt hätte, lieb wie den Bruder Wolf? Vielleicht aber ist es leichter, alle Menschen zu lieben, wenn man umherwandern darf; wenn man jedoch mit ihnen im Schulzimmer sitzt und schreckliche Rechenaufgaben macht, die ja ohnehin kein Mensch versteht … Und wenn man jeden Tag mit einem schnaufenden Menschen spazieren gehen muss … ob wohl auch einer der heiligen Brüder, die den heiligen Franziskus begleitet haben, geschnauft hat?

Das kleine Mädchen schlief ein, ehe es auf diese Frage eine Antwort finden konnte.

Die Tage bis Weihnachten vergingen rasch. Das kleine Mädchen stickte leidenschaftlich an einer Decke für die Großmutter, blaue und rote und grüne Kreuzstiche, und wenn man sich beim Zählen irrte, musste man alles wieder auftrennen. Es

stickte auch, weniger leidenschaftlich, an einem Paar Pantoffeln für das Fräulein: einen grünen Grund mit roten Rosen.
Und allmählich begann es im Haus nach Weihnachten zu rie-
chen, nach Tannen und Wachskerzen, und es gab, wie alle
Jahre, verschlossene Türen und verschlossene Schränke, und
bisweilen zwischen der Großmutter und dem Fräulein ein Ge-
flüster, das verstummte, sobald das kleine Mädchen kam.

Das kleine Mädchen freute sich auf Weihnachten, freute
sich vor allem auf den lieben, dicken, lockigen Wachsengel,
der jedes Jahr von der Spitze der Tanne herabhing, mit golden
leuchtenden kleinen Flügeln, und der blaue Augen und einen
sehr roten Mund hatte. Es freute sich auf die Überraschung
der Großmutter, wenn es ihr die schöne Decke geben würde,
denn natürlich ahnte die Großmutter nichts davon, und das
kleine Mädchen sah schon jetzt die Freude auf dem lieben Gesicht und hörte die zärtlichen Worte: »So eine große Arbeit,

mein kleines Lotterl! Wie musst du dich geplagt haben! Ich danke dir, ich danke dir sehr.«

Und dann kam endlich wirklich der Weihnachtsabend. Der Engel schwebte vom Christbaum nieder, das kleine Mädchen freute sich über die erhaltenen Geschenke und über die Freude der von ihm Beschenkten. Es war selig bis zu dem Augenblick, da es, unter anderen Dingen bescheiden verborgen, ein Seidenkleidchen fand, ein changeant Seidenkleidchen, drei hässliche Farben, die schillernd ineinander übergingen, genau wie bei dem Kleid, das das Fräulein heute trug, und genäht von dem Fräulein.

Das kleine Mädchen schluckte heftig, dann überwand es sich, küsste dem Fräulein die Hand und sagte artig: »Danke sehr. Ich … freue mich schrecklich …!«

Und es legte das Kleidchen hastig wieder auf den Gabentisch zurück. Ich werde es nie tragen, dachte es zornig, dieses abscheuliche Kleid! Ich bin doch keine Vogelscheuche. Wie kann man einem Menschen so etwas schenken!

Als das kleine Mädchen der Großmutter gute Nacht wünschte und noch einmal für alles dankte, sagte diese sanft: »Mein Lotterl, du hast mich heute enttäuscht. Du warst grausam.«

Das kleine Mädchen erschrak. Grausam? Gegen wen war es grausam gewesen?

»Das Kleidchen …«, sagte die sanfte Stimme. »Denke doch, mit wie viel Freude das Fräulein es genäht hat! So viele, viele kleine Stiche. Heimlich am Abend, wenn du schon geschlafen hast. Und du hast dich nicht gefreut. Hast du denn nicht gesehen, wie das Fräulein auf den Augenblick gewartet hat, da du unter den anderen Geschenken das Kleidchen finden würdest?«

»Es … es ist so abscheulich«, stotterte das kleine Mädchen verlegen.

»Weniger abscheulich, Lotterl, als dein Benehmen. Denk ein wenig darüber nach. Gute Nacht, mein Herz.«

Das kleine Mädchen hatte viel Naschwerk gegessen und vielleicht war das der Grund, dass es heute nicht einschlafen konnte. Oder waren es vielleicht die Worte der Großmutter, die es wach hielten? Nun fiel ihm plötzlich ein, dass das Fräulein es so seltsam angesehen hatte, während es das Kleid vom Gabentisch nahm. So … so erwartungsvoll. Und nachher war das Gesicht des Fräuleins plötzlich düster geworden, als ob ein Schatten darauf gefallen wäre. Und es hatte den ganzen Abend kein einziges Mal gelacht.

Das kleine Mädchen wurde sehr ernst. Es schlang den einen Arm um die neue Puppe und den anderen um die alte, die es auch ins Bett genommen hatte, damit sie nicht auf die neue eifersüchtig sei, und dachte: Vielleicht war ich wirklich abscheulich. Wie hätte es mich gekränkt, wenn die Großmutter sich über die Decke nicht gefreut hätte! Und dabei ist im linken Eck ein Zählfehler. Aber ich hatte keine Zeit mehr zum Auftrennen. Sicher hat die Großmutter ihn gleich gesehen, doch hat sie nichts gesagt, um mir nicht die Freude zu verderben. Ich aber habe am Weihnachtsabend einem Menschen die Freude verdorben. Wie könnte ich das gutmachen? Kann man so etwas überhaupt gutmachen? Das kleine Mädchen wurde betrübt. Sicher ist das Fräulein sehr traurig. So viele, viele kleine Stiche! Bis spät in die Nacht hat es genäht, während ich geschlafen habe. Und ich hatte doch gesagt, dass der Stoff hübsch sei, deshalb hat das Fräulein geglaubt …

Dem kleinen Mädchen kamen plötzlich die Tränen in die Augen. Nein, nie hätte der heilige Franziskus sich so benommen, und dabei hat ihm sein Vater, der ihn ja nicht verstanden hat, bestimmt zu Weihnachten schreckliche Dinge geschenkt. Oh, was soll ich tun, was soll ich tun …? Und dann kam ihm ein rettender Gedanke. Es zündete leise die Kerze an, nahm sie in die Hand, huschte über den Korridor in das große Wohnzimmer, wo der Christbaum stand. Wie geheimnisvoll er aussah und wie lieb der Wachsengel war. Fast schien es, als bewege er die Flügel.

Das kleine Mädchen nahm vom Tisch das Seidenkleidchen, schlüpfte hinein und bemerkte dabei erfreut, dass es hinten schließe, wie ein »erwachsenes« Kleid. Mühselig hakte es das Kleid zusammen, es traf in der Eile nicht die richtigen Haken und Ösen, aber das schadete nichts. Und dann lief es abermals über den Korridor und klopfte an der Tür des Fräuleins.

Das Fräulein war noch auf und öffnete sofort. »Lotterl?«, fragte es erschrocken. »Fehlt dir etwas?«

»Nein«, sagte das kleine Mädchen mit strahlendem Lächeln. »Ich wollte Ihnen nur zeigen, wie schön das Kleid ist. Und dass es hinten schließt, ist ganz besonders herrlich. Und ich wollte Ihnen nur noch einmal sehr danken für die große Freude …«

Wie lieb das Fräulein lächeln konnte, fast wie der Wachsengel. Und wie froh es mit einem Mal aussah! Das kleine Mädchen empfand ein angenehmes Gefühl. Es fiel dem Fräulein um den Hals und küsste es. »Frohe Weihnachten!«, sagte es leise und lief in sein Zimmer zurück.

Als es wieder im Bett lag, fiel ihm ein, dass es heute vor lauter Aufregung nicht sein Gewissen erforscht habe. Es war schon schläfrig, aber während es noch vor sich hin murmelte: »Ich habe wieder einmal mein Spielzeug nicht aufgeräumt, ich war gefräßig und habe zu viel Süßigkeiten gegessen«, merkte es plötzlich, dass die eine, die große Sünde sich nicht wie sonst vordrängte. Erstaunt sagte es zu sich selbst: »Schau, wie komisch! Jetzt kann ich das Fräulein gut leiden. Sehr gut sogar.« Erleichtert dachte es weiter: Nun liebe ich alle meine Nächsten. Es blies die Kerze aus, schlang die Arme um beide Puppen und schlief ein.

Im Traum sah es den Wachsengel, der ihm freundlich zunickte und sang: »Friede auf Erden …« Und das kleine Mädchen lächelte im Schlaf.

Hermynia zur Mühlen

Der Traum

Ich lag und schlief, da träumte mir
Ein wunderschöner Traum:
Es stand auf unserm Tisch vor mir
Ein hoher Weihnachtsbaum.

Und bunte Lichter ohne Zahl,
Die brannten ringsumher;
Die Zweige waren allzumal
Von goldnen Äpfeln schwer.

Und Zuckerpuppen hingen dran;
Das war mal eine Pracht!
Da gab's, was ich nur wünschen kann
Und was mir Freude macht.

Und als ich nach dem Baume sah
Und ganz verwundert stand,
Nach einem Apfel griff ich da,
Und alles, alles schwand.

Da wacht' ich auf aus meinem Traum,
Und dunkel war's um mich.
Du lieber, schöner Weihnachtsbaum,
Sag an, wo find ich dich?

Da war es just, als rief' er mir:
»Du darfst nur artig sein;
Dann steh ich wiederum vor dir –
Jetzt aber schlaf nur ein!

Und wenn du folgst und artig bist,
Dann ist erfüllt dein Traum,
Dann bringet dir der heil'ge Christ
Den schönsten Weihnachtsbaum.«

A. H. Hoffmann von Fallersleben

Die Weihnachtskiste

»Kinder, geht alle hinaus, ich muss mit der Mutter etwas besprechen!«, rief Herr Walcher, der eben in das Wohnzimmer kam, in dem seine Frau mit ihren vier Kindern saß.

»Gewiss ein Weihnachtsgeheimnis!«, riefen die Kinder voll Vergnügen und sprangen alle hinaus.

Als nun Vater und Mutter allein waren, sprach der Vater: »Die Kiste von der Großmutter ist angekommen.«

»Ei, das ist recht«, antwortete die Mutter, »ich hatte schon Angst, sie möchte zu spät kommen, denn morgen ist ja schon der Heilige Abend.«

»Ich habe die Kiste in mein Zimmer hinauftragen lassen, wir wollen sie gleich droben miteinander auspacken.«

Die Mutter holte nun Hammer, Stemmeisen und Beißzange und sagte zu den Kindern: »Ich habe droben bei dem Vater etwas zu tun, keines von euch darf hinaufkommen und uns stören.«

»Nein, nein, wir bleiben gerne unten«, jubelten die Kinder.

So gingen die Eltern die Treppe hinauf und ließen die drei Mädchen und den kleinen Richard allein.

»Habt ihr nicht bemerkt«, sagte Emilie, die älteste der drei Schwestern, »dass die Mutter Hammer und Beißzange mit hinaufgenommen hat? Gewiss ist die Weihnachtskiste von der guten Großmutter angekommen.«

»Ja, und hört nur, wie droben geklopft wird!«, sagte Luise, die zweite Schwester. Da gingen die vier Geschwister miteinander auf die Treppe und horchten voll Freude auf das Hämmern und Klopfen in des Vaters Studierzimmer.

Als es wieder still wurde, sagte Mimi, das jüngste Töchterchen: »Ich möchte nur wissen, was alles aus der Kiste herauskommt! Mir wäre eine Puppe am liebsten.«

»Mir auch«, sagte Emilie.

»Oh, da möchte ich lieber einen Säbel und ein Gewehr, mit dem ich so schießen könnte«, rief der kleine dreijährige Richard. Dabei streckte er seine Arme weit hinaus und ehe ihn die Schwestern halten konnten, bekam er das Übergewicht und stürzte mit großem Gepolter und lautem Geschrei die ganze Treppe hinunter!

Die Eltern, die den Lärm gehört hatten, sprangen ganz erschreckt herbei und wollten den Kleinen heraufführen.

Er konnte aber gar nicht mehr stehen und jammerte immer: »O weh, mein Fuß, mein Fuß!«

Da trug ihn die Mutter in sein Bett, das neben ihrem eigenen stand, der Vater aber ging zum Arzt, der auch sogleich kam.

Während die Eltern mit dem Doktor an Richards Bett waren, ging die gute kleine Mimi hinaus und suchte in ihrem Schränkchen etwas, das sie dem armen Brüderchen schenken wollte. Luise aber ging in den Hof, wo eine Schlitterbahn war, und tummelte sich auf derselben. Als nun Emilie so allein im Wohnzimmer war, fiel ihr die Weihnachtskiste wieder ein.

Ich möchte nur wissen, ob sie schon ausgepackt ist, dachte sie, ging zum Zimmer hinaus und die Treppe hinauf bis an des Vaters Zimmer.

Die Türe stand ein wenig offen. Emilie streckte ihren Kopf durch den Türspalt; richtig, da lehnte ein großer Kistendeckel an der Wand.

Ich will nur so weit hineingehen, dass ich die Kiste sehe, dachte sie, machte die Türe weiter auf und kam zögernd und mit bösem Gewissen bis an des Vaters Büchergestell. Da stand die Kiste. Emilie blickte hinein. Oh, was lag da für eine wunderschöne Puppe, mit goldenem Lockenhaar! Sie kniete nieder, nahm die Puppe vorsichtig heraus und bemerkte nun, dass ein kleiner Papierzettel daran steckte, auf dem die Worte geschrieben standen: »Der kleinen Mimi zu Weihnachten von der Großmutter«.

Während Emilie eben die reizende Puppe bewunderte, kam

jemand rasch die Treppe herauf. Emilie erkannte ihres Vaters Schritt und erschrak heftig. Wenn der Vater sie in seinem Zimmer entdecken würde! Zum Glück hatte das Zimmer noch eine zweite Türe, die in das Gastzimmer führte. Durch diese wollte Emilie fliehen. Hastig warf sie die Puppe auf die Kiste und schlüpfte gerade noch zur einen Tür hinaus, ehe der Vater zu der andern hereinkam. Die Puppe aber, die nur auf dem äußersten Rand der Kiste gelegen war, fiel mit einem lauten Schlag zu Boden.

Emilie schlich durch das Gastzimmer leise auf den Gang und die Treppe hinunter. Mit klopfendem Herzen setzte sie sich im Wohnzimmer an die Arbeit und tat, wie wenn nichts geschehen wäre.

Kurz darauf kam die Mutter aus dem Schlafzimmer und sagte freundlich zu Emilie: »Setze dich ein wenig zum Kleinen ans Bett. Der Herr Doktor hat gesagt, wenn wir ihm fleißig Umschläge machen, so wird ihm bis morgen sein Fuß nicht mehr wehtun und wir können ein fröhliches Fest feiern.«

»Nein, das können wir nicht«, sagte der Vater, der in diesem Augenblick aus seinem Zimmer herunterkam. »Eines der Kinder hat sich heimlich an die Weihnachtskiste geschlichen und eine Puppe zerbrochen. Emilie, rufe deine Schwestern!« Der Vater sah so erzürnt aus, Emilie traute sich nichts zu sagen, sie ging hinaus und holte die Schwestern.

»Wer war in meinem Zimmer?«, fragte der Vater strenge. »Ich nicht, ich nicht!«, riefen alle drei Kinder.

»Wo wart ihr, solange der Arzt bei uns war?«, forschte der Vater weiter.

»Ich war im Hof«, sagte Luise.

»Und ich an meinem Schränkchen in unserem Zimmer«, sagte Mimi.

»Und ich im Wohnzimmer«, antwortete Emilie.

»Ja«, sagte die Mutter, »ich fand Emilie eifrig an der Arbeit, als ich von Richard herauskam; ob aber die anderen die Wahrheit sagen, weiß ich nicht.«

»Ganz gewiss«, riefen die Kinder weinerlich.

»Ich weiß aber bestimmt, dass eine von euch an der Kiste war. Wenn ihr es mir nicht sagt, so nagle ich die Kiste wieder zu und keine von euch bekommt von den schönen Sachen, die darin sind.«

Die Kinder fingen nun an zu weinen, auch Emilie kamen bittere Tränen, sie konnte sich aber nicht entschließen, ihre Schuld einzugestehen, sie schämte sich zu sehr vor den Eltern und Geschwistern.

Da sprach der Vater: »Wenn die Großmutter gewusst hätte, dass ihr so böse Kinder seid, so hätte sie euch nichts geschickt; deshalb sollt ihr auch nichts von ihren Gaben erhalten. Bloß was für Richard bestimmt ist, das werde ich herausnehmen.«

Da ging der Vater zur Türe hinaus und bald darauf hörten die Kinder wieder Hämmern und Klopfen, aber diesmal weinten sie alle darüber, denn sie wussten, dass nun die Weihnachtskiste wieder zugenagelt wurde!

Der Vater wollte an diesem Abend die Kinder gar nicht mehr sehen; sie durften ihm nicht Gute Nacht sagen und mussten allein in ihr Schlafzimmer gehen, wo die drei Schwestern beisammen schliefen.

Als sie aber in ihren Betten lagen und das Licht schon ausgeblasen war, öffnete sich leise die Türe, und die Mutter trat herein. Sie setzte sich zuerst an das Bettchen der kleinen Mimi und sagte: »Hast du mir nichts zu sagen, Mimi? Wenn du an der Weihnachtskiste gewesen bist, so sage es mir jetzt, dann kann ich dir verzeihen.«

Aber Mimi antwortete: »Glaube mir nur, Mutter, ich war es nicht, ich würde es ja so gerne sagen, damit der Vater die Kiste wieder aufnagelt!«

Da ging die Mutter an Luisens Bett. Luise aber war so traurig, dass sie vor Weinen und Schluchzen gar nicht antworten konnte. Da dachte die Mutter: »Gewiss hat es Luise getan!«

Emilie nahm sich vor, sie wolle nun die ganze Wahrheit sagen. Aber als die Mutter an Emiliens Bett kam, sprach sie freundlich zu ihr: »Du hast uns noch gar nie angelogen, deshalb glauben wir dir auch, dass du es nicht getan hast.«

Als das Emilie hörte, konnte sie sich doch nicht entschließen, ihr Unrecht einzugestehen, und so ging die Mutter ganz betrübt wieder hinaus aus dem Zimmer.

Die kleine Mimi bat nun den lieben Gott, er möge machen, dass es morgen doch ein schönes Weihnachtsfest gebe, und schlief friedlich ein. Auch Luise, die ganz müde war vom Weinen, schloss die Augen und schlummerte bald.

Nur Emilie konnte nicht schlafen. Ihr böses Gewissen ließ ihr keine Ruhe. Sie konnte auch nicht beten.

Ich habe allen die Weihnachtsfreude verdorben, dachte sie. Unruhig warf sie sich in ihrem Bett hin und her und wachte noch, als nach ein paar Stunden die Eltern in ihr Schlafzimmer kamen, das neben dem der Mädchen war. Da hörte Emilie, wie die Eltern miteinander sprachen.

Die Mutter sagte: »Wie haben sich sonst die Kinder am letzten Abend vor Weihnachten gefreut und wir uns mit ihnen und heute sind wir alle so traurig!«

»Ja«, sagte der Vater, »am liebsten möchte ich morgen gar keinen Christbaum anzünden lassen, so wehe tut es mir, dass mir die Kinder nicht die Wahrheit sagen.«

Diese Worte gingen Emilie zu Herzen, es ließ ihr keine Ruhe mehr und laut rief sie: »Vater, Mutter, kommt doch noch einmal zu mir herein!«

Als nun die Eltern bei ihr waren, sagte Emilie: »Vater, ich bin in deinem Zimmer gewesen und habe die Puppe aus der Kiste genommen und als ich sie schnell wieder hineinlegen wollte, ist sie hinuntergefallen.«

»Warum hast du das nicht gleich gesagt und uns so sehr betrübt?«, fragte der Vater.

»Verzeiht mir doch«, rief Emilie, »es ist mir so leid und ich will gewiss nie mehr lügen.«

»Ja, wir wollen dir verzeihen, weil du uns jetzt die Wahrheit gesagt hast«, antwortete der Vater.

»Ist die schöne Puppe für Mimi ganz zerbrochen?«, fragte nun Emilie.

»Ja, der Kopf ist zerbrochen«, sprach der Vater, »aber die Großmutter hat für jede von euch eine Puppe geschickt und so werde ich deine Puppe Mimi bescheren, und für dich ist es eine wohlverdiente Strafe, dass du keine neue bekommst.«

»Ja, ich gönne Mimi die neue Puppe«, rief Emilie, »ich bin jetzt wieder ganz glücklich!« Sie küsste die Eltern, sprach ihr Abendgebet und schlief gleich darauf mit leichtem Herzen ein.

Am nächsten Morgen sagte die Mutter zu Luise und Mimi: »Ich weiß jetzt, dass Emilie an der Weihnachtskiste war, sie hat es selbst eingestanden.«

Da waren die beiden Schwestern sehr glücklich, und als der kleine Richard erklärte, sein Fuß tue ihm nicht mehr weh, und der Vater mit freundlichem Gesicht sagte: »Kinder, bringt mir wieder Hammer und Beißzange, dass ich die Kiste noch einmal aufklopfe«, da war die Freude und der Jubel groß im Hause.

Die Mutter hatte den ganzen Tag alle Hände voll zu tun und die Kinder durften nicht mehr in das Besuchszimmer. Wenn sie aber hie und da ein wenig die Türe aufmachte, dann strömte ein feiner Duft von Tannennadeln und Lebkuchen aus dem Weihnachtszimmer und man hörte die Goldsternlein vom Christbaum rauschen.

Endlich wurde es dunkel und der Vater sprach: »Jetzt, Kinder, haltet euch bereit!«

Dann ertönte ein helles Glöcklein, die Türe ging auf und da stand der strahlende Christbaum und vor demselben ein Tisch mit den schönsten Weihnachtsgaben. Jedem der Kinder wurde sein Plätzchen angewiesen; Richard sah schon von weitem Säbel und Gewehr blitzen. Luise und Mimi langten zuerst nach ihren schönen Puppen, aber auch Emilie war reich beschenkt, denn die gute Großmutter hatte auch Spiele und Bilderbücher geschickt und es wäre jammerschade gewesen, wenn die Kiste zugenagelt geblieben wäre!

So dachte auch die gute Mimi und sie sagte leise zu Emilie: »Du darfst mit meiner neuen Puppe spielen, sooft du nur willst!«

Da küsste Emilie die liebe kleine Schwester und war glücklich mit ihr.

Agnes Sapper

Gebet eines kleinen Knaben an den Heiligen Christ

Du lieber Heil'ger frommer Christ,
Der für uns Kinder kommen ist,
Damit wir sollen weiß und rein
Und rechte Kinder Gottes sein.

Du Licht, vom lieben Gott gesandt
In unser dunkles Erdenland,
Du Himmelskind und Himmelsschein,
Damit wir sollen himmlisch sein:

Du lieber Heil'ger frommer Christ,
Weil heute dein Geburtstag ist,
Drum ist auf Erden weit und breit
Bei allen Kindern frohe Zeit.

O segne mich! Ich bin noch klein,
O mache mir den Busen rein!
O bade mir die Seele hell
In deinem reichen Himmelsquell!

Dass ich wie Engel Gottes sei
In Demut und in Liebe treu,
Dass ich dein bleibe für und für,
Du Heil'ger Christ, das schenke mir!

Ernst Moritz Arndt

Unter dem Schornstein

Ich war noch ein kleiner Junge und glaubte noch an den Weihnachtsmann. Nicht an den, der abends von Haus zu Haus geht und an die Tür klopft und fragt: »Sind die Kinder auch immer artig gewesen?« Den kannten wir damals noch nicht. »Der kommt nur zu den Leuten, die einen eisernen Herd haben und ein enges Ofenrohr«, sagte Mutter. Nein, so weit waren wir noch nicht. Zu uns kam immer noch der andere – der mitten in der Nacht mit einem großen Sack über Land und über die Dächer flog und überall, wo noch ein richtiger »deutscher Herd« war, etwas in den Schornstein warf.

Wir waren fünf Kinder im Hause und ich war das kleinste. Und wir mussten am Abend vor Weihnachten jeder einen Teller unter den Schornstein stellen. »Nicht zu weit nach der Mitte«, sagte Mutter, »sonst sieht es so unbescheiden und so gierig aus. Und auch nicht so weit weg an den Rand, sonst kriegt man nichts ab.«

Wir stellten unsere fünf Teller – jeder von uns hatte seinen eigenen Teller, und meiner war ganz besonders bunt, die stellten wir alle fünf in einem schönen Halbkreis vor das Feuerloch. Und dann beugten wir uns noch mal alle ganz weit über den Herd und guckten nach, ob der Schornstein auch wirklich offen war. Und dann sagten wir »Gute Nacht« und kletterten einer nach dem anderen in die Betten. – Mutter saß noch am Tisch und nähte.

Mitten in der Nacht wachte ich auf, und ich meinte, da hätte etwas gebrummt und geknackt, und ich dachte: Nun ist er eben – gerade eben ist er rübergeflogen und hat was in den Schornstein geworfen! Und ich dachte: Was das nun wohl gewesen ist? Was da nun wohl liegt – auf meinem Teller? Und weil ich meinte, ich könnte nun doch nicht wieder einschlafen – und weil draußen ganz heller Mondschein war und alles war so still im Hause –, so stand ich leise auf und schlich mich nach der Küche und guckte auf den Herd. Aber da war noch gar nicht viel zu gucken. Alle Teller waren noch leer. Denn musst du dich ja wohl verhört haben, dachte ich und wollte mich schon umdrehen und wollte wieder ins Bett – da meinte ich plötzlich –, da kam es mir so vor, als wenn mein Teller diesmal etwas weiter zurück stände als die andern vier. Und weil ich doch gerade in diesem Jahre etwas ganz Schönes – und auch recht viel – vom Weihnachtsmann haben wollte – und weil mich niemand sah und auch keiner etwas davon wusste –, so stellte ich meinen Teller leise und vorsichtig ein ganzes Stück weiter nach vorn und schob ihn mitten unter den offenen Schornstein. – Und dann horchte ich noch mal eben und hörte mein Herz klopfen – und ging schnell wieder in die Kammer und kroch unter die Decke.

Und lag noch lange wach und wusste nicht, ob ich das nun so richtig gemacht hätte oder nicht. Aber dann dachte ich: Ich steh ganz früh auf, dass keiner etwas merkt. – Und wenn es ganz schlimm wird, kann ich ihnen ja auch immer noch was abgeben. – Und dann schlief ich auch bald wieder ein.

Als ich aufwachte und hochkam, waren Jakob und Greta schon in der Stube und Jann und Heiner standen schon am Fenster und guckten aus. Ich wollte mich leise an ihnen vorbeidrücken, aber – »Halt stopp!«, sagte Mutter. »Wo willst du hin?« – »Bloß mal eben sehen, ob da was in meinem Teller ...« – »Nein, hier bleiben! Und erst mal die Hose anziehen! Und Strümpfe und Stiefel! Und die Hände und den Hals waschen! Wenn du fertig bist, gehen wir alle zugleich. Und ich gehe voraus, damit es nachher keinen Streit gibt.« Ich muss wohl ein ganz bedeppertes Gesicht gemacht haben, Greta guckte mich an und griente, und Jann sagte: »Nu mach man 'n bisschen zu, dass du weiterkommst! Wir warten doch auf dich!« Es ging an diesem Morgen nicht so schnell, wie es eigentlich gehen sollte, aber – zuletzt war ich denn ja doch klar und stand an der Tür und wollte raus.

»Halt stopp!«, sagte Mutter wieder. »Erst komm ich und ihr kommt alle hinter mir her!« – Und dann ging sie über die Diele und stand vor dem großen Herd und reichte uns unsere Teller. Und freute sich bei jedem Teller mit; Jann hatte fünf schöne Kantäpfel und wenigstens zwanzig Nüsse und vier braune Kuchen – und ein Paar neue Schlittschuhe. Und Greta hatte auf ihren Äpfeln und Nüssen und Kuchen eine schöne weiße Schürze liegen. Und Heiner ein dickes Märchenbuch. Und Jakob einen Baukasten. Und ich – ich hatte in meinem großen bunten Teller nur einen kleinen Apfel und eine Nuss und einen braunen Kuchen – und sonst nichts – kein Stück weiter.

»Na –? Was hat denn das zu bedeuten?«, sagte Mutter. Und sie suchte den ganzen Herd ab und guckte auch noch mal in den Schornstein, ob da nichts hängen geblieben war. »Wie kommt denn das? Bist du denn nicht artig gewesen – im letzten Jahr?«

»Doch!«, nickte ich nur, sagen konnte ich nichts – mir saß ein großer Klüten im Hals. Und auch als meine Geschwister mich nun halb bedauerten und halb in heimlicher Schadenfreude aufzählten, was ich verkehrt gemacht und was ich vielleicht alles ausgefressen haben konnte, schüttelte ich nur immer den Kopf: »Ne, ne – das ist es nicht.« Nein, ich wusste es besser.

Und Mutter wusste es auch, das merkte ich – sie tat nur so. »Der Weihnachtsmann wird ja wohl wissen, warum«, sagte Mutter, »wir können da weiter nichts bei tun. Ihr könntet ihm höchstens etwas von euren Sachen abgeben, wenn ihr mögt, aber – recht ist es ja eigentlich nicht.«

Greta und Jann gaben mir jeder einen Apfel. Heiner gab mir ein paar Nüsse. Jakob gab mir zwei braune Kuchen.

»Und von mir kriegst du vielleicht auch noch was«, sagte Mutter, »sobald ich weiß, warum der Weihnachtsmann dich so kümmerlich bedacht hat.«

Eine ganze Stunde druckste ich noch herum, dann ging ich

zu meiner Mutter und sagte es ihr – leise, unter vier Augen: dass ich nachts wieder aufgestanden wäre, und dass ich meinen Teller vor die andern vier und mitten unter den Schornstein gestellt hätte.

Mutter schüttelte den Kopf. Aber dann guckte sie mir still in die Augen und strich mir über den Scheitel. »Es ist gut«, sagte sie, »wir wollen nun nicht mehr davon sprechen. Du darfst deinen Teller heute Abend noch mal wieder hinstellen – mitunter kommt ja der Weihnachtsmann noch mal zurück.«

Ich stellte abends – ganz allein – meinen Teller wieder auf den Herd. Nicht direkt unter den Schornstein, aber auch nicht zu weit weg auf den Rand, sondern so halb bis zur Mitte, als ob noch vier andere Teller daneben ständen. – Und ich hatte am nächsten Morgen: vier schöne Kantäpfel, etwa zwanzig Nüsse und drei braune Kuchen und obendrauf eine schöne weiche, wollene Mütze – mit einem bunten Klunker. Ich habe mich ganz toll gefreut und habe sie lange getragen. Und habe sie auch heute noch nicht vergessen.

Ich denke noch oft an diesen Weihnachtsmorgen und an diese weiche, wollene Mütze mit dem bunten Klunker – besonders immer dann, wenn ich meinen Teller mal wieder irgendwo – vor die andern und mitten unter den Schornstein stellen möchte.

Rudolf Kinau

Wie die Christrose entstand

In der Heiligen Nacht sprachen die Hirten zueinander:

»Kommt, lasset uns nach Bethlehem gehen und sehen, was da geschehen ist!«

Und sie machten sich eilends auf.

Jeder nahm ein Geschenk mit: Butter und Honig, einen Krug mit Milch, Wolle vom Schaf und ein warmes Lammfell. – Nur ein Hirtenknabe hatte nichts zum Schenken. Er suchte auf der Winterflur nach einem Blümchen. Er fand keins. Da weinte er und die Tränen fielen auf die harte Erde. Sogleich sprossen aus den Tränen Blumen hervor, die trugen Blüten, zart und weiß. Voll Freude pflückte der Knabe die Blumen und brachte sie dem göttlichen Kind in die Krippe.

Seit der Zeit blüht diese Blume jedes Jahr in der Weihnacht auf und die Menschen nennen sie die Christrose.

Volkslegende

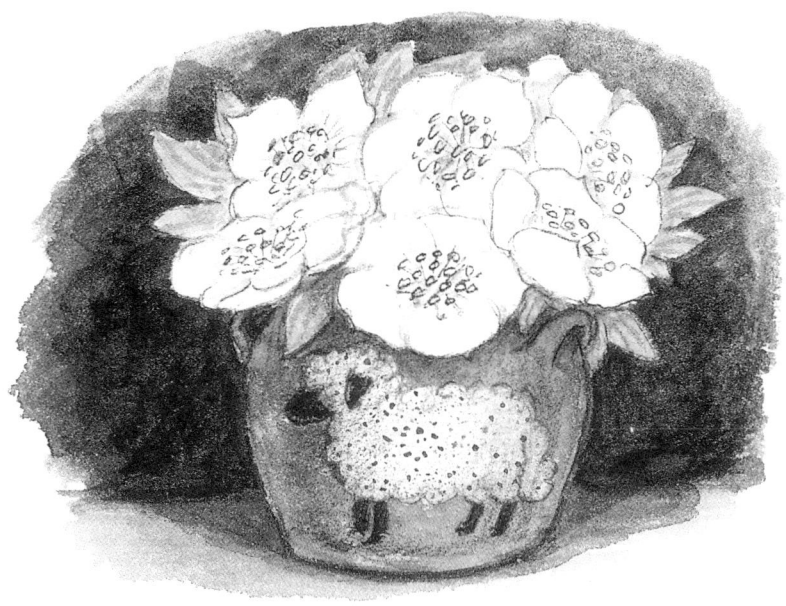

Die Winterfahrt des Christkindes

Lautlos gleiten dunkle Flocken,
decken zu die Erde sacht,
und mir ist, als hört' ich Glocken,
– Silberglöcklein – in der Nacht.
Höre auch ein Rösslein schnauben,
leise wiehernd kommt's heran,
und zwei Schimmel, flink wie Tauben,
traben her auf glatter Bahn.
Auf dem Schlitten, lichtumflossen,
sitzt ein blondes, sanftes Kind;
prächtige Gaben ausgegossen
um den holden Knaben sind:
Puppen fein im bunten Kleide,
Säbel, Trommeln, Speer und Schild,
und der Braven Augenweide,
Bücher, reich an Schmuck und Bild.
Und des Christkinds Treugefährte,
Ruprecht, mit bereiftem Bart,
lenkt die windesschnellen Pferde,
leitet stumm die näccht'ge Fahrt.
Eilig fliegt mit Schellensingen
hin der Zug in lichter Pracht,
seine hellen Glöcklein klingen
fern noch durch die Winternacht.

Volksgut

Am kürzesten Tag

Es war der 21. Dezember, der kürzeste Tag des Jahres. Um dieselbe Tageszeit, wo im Hochsommer die Sonne schon seit fünf Stunden am Himmel steht, saß man heute noch bei der Lampe am Frühstückstisch, und als diese endlich ausgeblasen wurde, war es noch trüb und dämmerig in den Häusern. Allmählich aber hellte es sich auf und die Sonne, wenn sie gleich tief unten am Horizont stand, sandte doch ihre schrägen Strahlen den Menschenkindern, die heute so besonders geschäftig durcheinander wimmelten. Es war ja der letzte Samstag vor Weihnachten, zugleich der Thomastag, ein Feiertag für die Schuljugend. Jedermann wollte die wenigen hellen Stunden benützen, um Einkäufe zu machen. Wie viel Gänse und Hasen wurden da als Festbraten heimgeholt, und wie viel Christbäume! Auf den Plätzen der Stadt standen sie ausgestellt, die Fichten und Tannen, von den kleinsten bis zu den großen, die bestimmt waren, Kirchen oder Säle zu beleuchten.

Mitten zwischen diesen Bäumen, von ihrem weihnächtlichen Duft und Anblick ganz hingenommen und im Anschauen versunken, stand unser kleiner Frieder. Er hatte für den Vater etwas in der Musikalienhandlung besorgt, kam nun heimwärts über den Christbaummarkt und konnte sich nicht trennen. Nun stand er vor einem Bäumchen, nicht größer als er selbst, saftig, grün und buschig. Sie mochten vielleicht gleich alt sein, dieser Bub und dies Bäumchen, und sahen beide so rundlich und kindlich aus. Sie standen da, vom selben Sonnenstrahl beleuchtet, und wie wenn sie zusammengehörten, so dicht hielt sich Frieder zum Baum.

»Du, dich meine ich, hörst du denn gar nichts; so wirst du wohl nicht viel verdienen!«, sagte plötzlich eine raue Stimme, und eine schwere Hand legte sich von hinten auf seine Schulter.

Frieder erwachte wie aus einem Traum, wandte sich um und sah sich zwei Frauen gegenüber. Die ihn angerufen hatte, war eine große, derbe Person, eine Verkäuferin. Die andere eine feine Dame mit Pelz und Schleier.

»Pack an, Kleiner, du sollst der Dame den Baum heimtragen, du weißt doch die Luisenstraße?«, sagte die Frau und legte ihm den Baum über die Schulter.

»Ist der Junge nicht zu klein, um den Baum so weit zu tragen?«, fragte die Dame.

»O bewahre«, meinte die Händlerin, »der hat schon ganz andere Bäume geschleppt, geben Sie ihm nur die Wohnung genau an, wenn Sie nicht mit ihm heimgehen.«

»Luisenstraße 43 zu Frau Doktor Heller«, sagte die Dame. »Sieh, auf diesem Papier ist es auch aufgeschrieben. Halte dich nur nicht auf, dass dich's nicht in die Hände friert.«

Da Frieder immer noch unbeweglich stand, gab ihm die Verkäuferin einen kleinen Anstoß in die Richtung, die er einzuschlagen hatte.

Frieder, den Baum mit der einen Hand haltend, den Papierzettel in der andern, trabte der Luisenstraße zu. Er hatte so eine dunkle Ahnung, dass er mehr aus Missverständnis zu diesem Auftrag gekommen war, er wusste es aber nicht gewiss. Die Damen konnten die Bäume nicht selbst tragen, so mussten eben die Buben helfen. Er sah manche mit Christbäumen laufen, freilich meist größere. Er war eigentlich stolz, dass man ihm einen Christbaum anvertraut hatte. Wenn ihm jetzt nur die Brüder begegnet wären oder gar der Vater!

Wie die Zweige ihn so sonderbar am Hals kitzelten, wie ihm der Duft in die Nase stieg, und wie harzig die Hand wurde! Allmählich drückte der Baum, obwohl er nicht groß war, unbarmherzig auf die Schulter; man musste ihn oft von der einen auf die andere legen, und bei solch einem Wechsel entglitt ihm das Blättchen Papier und flatterte zu Boden, ohne dass die steife, von der Kälte erstarrte Hand es empfunden hätte. Nun schmerzten ihn die beiden Schultern, er trug den Baum frei mit beiden Händen; aber da wurde Frieder hart angefahren von einem Mann, der ihm entgegenkam:

»Du stichst ja den Menschen die Augen aus, halte doch deinen Baum hinter dich, so!« Und der Vorübergehende schob ihm den Baum unter den Arm.

Nach kürzester Zeit kam von hinten eine Stimme: »Du, Kleiner, du kehrst ja die Straße mit deinem Christbaum, halte doch deinen Baum hoch!«

Ach, das war eine schwierige Sache! Aber nun war die Luisenstraße glücklich erreicht. Freilich, der Wohnungszettel war abhanden gekommen; aber Frieder hatte sich das Wichtigste gemerkt, Nr. 42 oder 43, und im zweiten Stock bei einer Frau Doktor, das muss nicht schwer zu finden sein. In Nr. 42 a wollte niemand etwas von dem Baum wissen; aber in Nr. 42 b bekam Frieder guten Bescheid, das Dienstmädchen wusste es ganz gewiss, der Baum gehörte nach Nr. 47, die Dame war zugleich mit ihr auf dem Markt gewesen und hatte einen Baum gekauft. Also nach Nr. 47. Als man ihm dort seinen Baum wieder nicht abnehmen wollte, kamen ihm die Tränen, und eine mitleidige Frau hieß ihn sich ein wenig auf die Treppe setzen, um auszuruhen.

»In der Luisenstraße wohnt nur ein Doktor«, sagte sie, »und das ist Doktor Weber in Nr. 24, bei dem musst du fragen.«

Unser Frieder hätte nun lieber in Nr. 43 angefragt, denn er meinte sich noch zu erinnern, das sei die richtige Nummer; aber Frieder traute immer allen Leuten mehr zu als sich selbst, und so folgte er auch jetzt wieder dem Rat, ging an Nr. 43 vorbei bis zu Nr. 24 und hörte von dem Dienstmädchen der Frau Doktor Weber, sie hätte längst einen Baum, und einen viel schöneren und größeren. Jetzt aber tropften ihm die dicken Tränen herunter, und als er wieder auf der Straße stand, wurde ihm auf einmal ganz klar, wo er jetzt hingehen wollte – heim zur Mutter. Es musste ja schon spät sein, vielleicht gar schon Essenszeit. Kam er da nicht heim, so hatte die Mutter Angst, und der Vater hatte ja gesagt, es dürfe nichts, gar nichts mehr vorkommen vor Weihnachten. Also nur schnell, schnell heim!

Und es war wirklich höchste Zeit.

Niemand hatte bis jetzt Frieders langes Ausbleiben bemerkt. Als nun aber Marie und Anne anfingen den Tisch zu decken, sagte Elschen: »Frieder hat versprochen, mit mir zu spielen, und nun ist er den ganzen Vormittag weggeblieben!«

»Er ist gewiss schon längst bei den Brüdern, im Hof, auf der Schlitterbahn. Sieh einmal nach ihm«, sagten die Schwestern.

Aber Frieder war verschollen, und die Geschwister fingen an, sich zu ängstigen, nicht sowohl für den kleinen Bruder – was sollte dem zugestoßen sein –, aber wenn er nicht zu Mittag käme, würden sich die Eltern sorgen und darüber ärgern, dass doch wieder etwas vorgekommen sei. »Er wird doch kommen bis zum Essen«, sagten sie zueinander, und als nun die Mutter ins Zimmer trat, sprachen sie von allerlei, nur nicht von Frieder. Elschen stand an der Treppe, nun kam der Vater heim, fröhlich und guter Dinge, und fragte gleich:

»Ist das Essen schon fertig?«

»Es ist noch nicht halb ein Uhr«, entgegnete Karl, der die Frage gehört hatte.

»Es wird gleich schlagen«, meinte der Vater, ging aber doch noch in sein Zimmer.

Im Vorplatz berieten leise die Geschwister:

»Wenn man nur das Essen ein wenig verzögern könnte«, sagte Karl.

»Das will ich machen«, flüsterte Marie, ging in die Küche, zog Walburg zu sich und rief ihr dann ins Ohr: »Frieder ist noch nicht daheim, der Vater wird so zanken und die Mutter wird Angst haben; kannst du nicht machen, dass man später isst?«

Walburg nickte freundlich, ging an den Herd, deckte ihre Töpfe auf und sagte dann: »Du kannst der Mutter sagen, den Linsen täte es gut, wenn sie noch eine Weile kochen dürften.«

Da sprang Marie befriedigt hinaus, Walburgs Ausspruch ging von Mund zu Mund, und bis er der Mutter zu Ohren kam, waren die Linsen ganz hart.

»So«, sagte sie verwundert, »mir kamen sie weich vor; aber wir können ja noch ein wenig mit dem Essen warten.«

»Ja, harte Linsen sind nicht gut, sind ganz schlecht«, sagten die Kinder.

So vergingen fünf Minuten. Inzwischen lief unser Frieder, so schnell er es nur mit seinem Baum vermochte. Jetzt trabte er die Treppe herauf, und bei seinem Klingeln eilten alle herbei, um aufzumachen. Frau Pfäffling merkte jetzt, dass etwas nicht in Ordnung war, und ging auch hinaus. Da stand Frieder ganz außer Atem, mit glühenden Backen, den Christbaum auf der Schulter, und fragte ängstlich: »Isst man schon?«

Als er aber hörte, dass die Mutter ihn nicht vermisst hatte, und sah, wie man seinen Baum anstaunte, und die Mutter so freundlich sagte: »Stell ihn nur ab, du glühst ja ganz«, da wurde ihm wieder leicht ums Herz. Sie meinten alle, der Christbaum gehöre Frieder. »Nein, nein«, sagte dieser, »ich muss ihn einer Frau bringen, ich weiß nur nimmer, wie sie heißt und wo sie wohnt.« Da lachten sie ihn aus und wollten alles genau hören; auch Herr Pfäffling war hinzugekommen und hörte von Frieders Irrfahrten, nahm ihn bei der Hand und sagte: »Nun komm nur zu Tisch, du kleines Dummerle, du!« – Die Linsen waren nun plötzlich weich, und wie es dem Frieder schmeckte, lässt sich denken.

Beim Mittagessen wurde beraten, wie man den Christbaum zu seiner rechtmäßigen Besitzerin bringen könne.

»Einer von euch Großen muss mit Frieder gehen, ihm helfen den Baum tragen«, sagte Frau Pfäffling.

»Aber wir Lateinschüler können doch nicht in der Luisenstraße von Haus zu Haus laufen wie arme Buben, die die Christbäume austragen«, entgegnete Karl.

»Wenn mir da zum Beispiel Rudolf Meier begegnete«, sagte Otto, »vor dem würde ich mich schämen.«

»So, so«, sagte Herr Pfäffling, »seid ihr zu vornehm dazu? Dann muss wohl ich meinen Kleinen begleiten«, und er nahm den Baum, der in der Ecke stand, hob ihn frei hinaus, dass er die Decke streifte, und sagte spaßend: »So werde ich durch die Luisenstraße ziehen, eine Schelle nehmen und ausrufen: ›Wem der Baum gehört, der soll sich melden!‹«

»Ich denke doch«, sagte Frau Pfäffling, »einer von unseren dreien wird so gescheit sein und sich nicht darum bekümmern, wenn auch je ein Kamerad denken sollte, dass er für andere Leute Gänge macht.«

Sie schwiegen aber.

Da setzte Herr Pfäffling den Baum wieder ab und sagte sehr ernst: »Kinder, fangt nur das gar nicht an, dass ihr meint, dies oder jenes passt sich nicht, das könnten die Kameraden schlecht auslegen. Mit solchen kleinlichen Bedenken kommt man schwer durchs Leben, fühlt sich immer gebunden und hängt schließlich von jedem Rudolf Meier ab.«

Nach dem Essen wurde Herr Hartwig um das Adressbuch gebeten, und mit Hilfe dessen und Frieders Erinnerung war bald festgestellt, dass der Baum in die Luisenstraße Nr. 43 zu Frau Doktor Heller gehörte.

Die drei großen Brüder standen beisammen und berieten. »Ich mache mir nichts daraus, den Baum zu tragen«, sagte Wilhelm, »ich hätte gar nicht gedacht, dass es dumm aussieht, wenn ihr es nicht gesagt hättet.«

»Aber wenn du hinkommst, musst du dich darauf gefasst machen, dass man dir ein Trinkgeld gibt«, sagte Karl.

»Umso besser, wenn's nur recht groß ist, ich habe ohnedies keinen Pfennig mehr.«

Die Beratung wurde unterbrochen durch die Mutter, die mit Frieder ins Zimmer kam und sagte: »Die Dame wird gar nicht begreifen, wo ihr Baum so lange bleibt, tragt ihn jetzt nur gleich fort. Otto, du gehst mit, deinem alten Mantel schadet es am wenigsten, wenn der Baum wetzt.«

Diesem bestimmten Befehl gegenüber gab es keinen Widerspruch mehr. Otto musste sich bequemen, Frieder zu begleiten.

Sie gingen nebeneinander und waren bis an die Luisenstraße gekommen, als Otto plötzlich seinem Frieder den Baum auf die Schulter legte und sagte: »Da vorne kommen ein paar aus meiner Klasse, die lachen mich aus, wenn sie meinen, ich müsse den Dienstmann machen. Das letzte Stück kannst du doch den Baum selbst tragen? Und kannst dich auch selbst entschuldigen, nicht?«

»Gut kann ich«, sagte Frieder und ging allein seines Weges. Wie einfach war das nun. Am Glockenzug von Nr. 43 stand angeschrieben: »Dr. Heller«, das stimmte alles ganz gut mit dem Adressbuch, und oben im zweiten Stock stand noch einmal der Name. Diesmal war Frieder an der rechten Türe.

Otto hatte sich inzwischen seinen Kameraden angeschlossen und war ein wenig mit ihnen herumgeschlendert, denn früher als Frieder wollte er nicht nach Hause kommen. Als er sich endlich entschloss heimzugehen, war es ihm nicht behaglich zumute; es reute ihn, dass er den Kleinen zuletzt noch im Stich gelassen hatte. Er wollte mit dem Bruder wieder in der Frühlingsstraße zusammentreffen. Er wartete eine Weile vergeblich auf ihn. Dann ging ihm die Geduld aus, vermutlich war Frieder schon längst daheim. Er hoffte ihn oben zu finden, aber es war nicht so, das konnte er gleich daran merken, dass er von allen Seiten gefragt wurde, wie es mit dem Baum gegangen sei. Nun musste er freilich erzählen, dass er nur bis in die Nähe des Hauses Nr. 43 den Baum getragen habe und dann mit einigen Freunden umgekehrt sei.

Aber nun hörte man auch schon wieder jemand vor der Glastüre, das konnte Frieder sein, und dann war ja die Sache in Ordnung. Sie machten auf: da stand der kleine Unglücksmensch und hatte wieder seinen Christbaum im Arm! Sie trauten ihren Augen kaum.

»Ja Frieder, hast du denn die Wohnung nicht gefunden?«, riefen sie fast alle zugleich.

Da zuckte es um seinen Mund, er würgte an den Tränen, die kommen wollten, und presste hervor: »Neunmal geklingelt, niemand zu Haus!«

Sie waren nun alle voll Mitleid, aber sie konnten auch nicht verstehen, warum er nicht oben oder unten bei anderen Hausbewohnern angefragt hätte. Daran hatte er eben gar nicht gedacht.

»Deshalb gibt man solch einem kleinen Dummerle einen größeren Bruder mit«, sagte Frau Pfäffling, »aber wenn der freilich so treulos ist und vorher umkehrt, dann ist der Kleine schlecht beraten.«

»Jetzt wird der Sache ein Ende gemacht«, rief Wilhelm, »ich gehe mit dem Baum, und das dürft ihr mir glauben, ich bringe ihn nicht mehr zurück.« Und flink fasste er den Christbaum, der freilich schon ein wenig von seiner Schönheit eingebüßt hatte, und sprang leichtfüßig davon.

In der Luisenstraße Nr. 43 wurde ihm aufs erste Klingeln aufgemacht und sofort rief das Dienstmädchen: »Frau Doktor, jetzt kommt der Baum doch noch!«

Eine lebhafte junge Frau eilte herbei und rief Wilhelm an: »Wo bist du denn so lange geblieben, Kleiner? Aber nein, du bist's ja gar nicht, dir habe ich doch keinen Baum zu tragen gegeben, der gehört nicht mir.«

Wilhelm erzählte von den Wanderungen, die der Baum mit seinen andern Brüdern gemacht hatte.

»Der Kleine dauert mich«, sagte die junge Frau. »Das zweite Mal, als er kam, war ich wohl mit meinem Mädchen wieder auf dem Markt; ich habe nämlich nicht gedacht, dass er noch kommt, und habe einen andern geholt; ich brauche ihn schon heute Abend zu einer kleinen Gesellschaft, da konnte ich nicht warten. Was mache ich nun mit diesem Baum? Habt ihr wohl schon einen zu Haus? Ich würde euch den gern schenken.«

»Wir haben noch keinen«, sagte Wilhelm.

»Also, das ist ja schön, dann nimm ihn nur wieder mit, und dem netten kleinen Dicken, der so viel Not gehabt hat, möchte ich noch einen Lebkuchen schicken, den bringst du ihm, nicht wahr?«

Auch dazu war Wilhelm bereit und kurz nachher rannte er vergnügt mit seinem Baum heimwärts.

Der kurze Dezembernachmittag war schon zu Ende und die Lichter angezündet, als Wilhelm heimkam. Die Schwestern, welche die Ganglampe geraubt hatten, kamen eilig mit derselben herbei, als Wilhelm klingelte, und ließen sie vor Schreck fast aus der Hand fallen, als sie den Baum sahen. »Der Baum kommt wieder!«, schrien sie ins Zimmer.

»Unmöglich!«, rief die Mutter.

»Ja doch«, sagte Karl, »der Baum, der unglückselige Baum!«

»Gelt«, rief Frieder, »es wird nicht aufgemacht, wenn man noch so klingelt.«

Aber Wilhelm lachte, zog vergnügt den Lebkuchen aus der Tasche und gab ihn Frieder: »Der ist für dich von deiner Frau Doktor Heller, und der Baum, Mutter, der gehört uns, ganz umsonst!«

Als Herr Pfäffling heimkam, ergötzte er sich an der Kinder Erzählung von dem Christbaum; aber er merkte, dass es Otto nicht recht wohl war bei der Sache, und wollte sie eben deshalb genauer hören.

»Also, so hat sich's verhalten«, sagte er schließlich, »vor dem Lachen der Kameraden hast du dich so gefürchtet, dass du den Bruder und den Baum im Stich gelassen hast? Dann heiße ich dich einen Feigling!«

Weiter wurde nichts mehr über die Sache gesprochen, aber dies eine Wort, »Feigling«, vom Vater ausgesprochen vor der ganzen Familie, das brannte und schmerzte und war nicht einen Augenblick an diesem Abend zu vergessen. Es war auch am nächsten Morgen, an dem vierten Adventssonntag, Ottos erster Gedanke. Es trieb ihn um, er konnte dem Vater nicht mehr unbefangen ins Gesicht sehen. Da trachtete er, mit der Mutter allein zu sprechen, und sie merkte es, dass er ihr nachging, und ließ sich allein finden in dem Bubenzimmer.

»Mutter«, sagte er, »ich kann gar nicht vergessen, was der Vater zu mir gesagt hat. Soll ich ihn um Entschuldigung bitten? Was hilft es aber? Er hält mich doch für feig.«

»Ja, Otto, er muss dich für feige halten, denn du bist es gewesen, und zwar schon manchmal in dieser Art. Immer abhängig davon, wie die anderen über dich urteilen. Da hilft freilich keine Entschuldigung, da hilft nur ankämpfen gegen die Feigheit, Beweise liefern, dass du auch tapfer sein kannst.«

Am Montagnachmittag, als die Kinder alle von der Schule zurückkehrten, fehlte Otto. Er kam eine ganze Stunde später heim und dann suchte er zuerst den Vater in dessen Zimmer auf.

Herr Pfäffling sah von seiner Arbeit auf. »Willst du etwas?«

»Ja, dich bitten, Vater, dass du das Wort zurücknimmst. Du weißt schon, welches. Ich bin deswegen heute Nachmittag lange auf dem Christbaummarkt gestanden und habe dann für jemand einen Baum heimgetragen. Drei von meiner Klasse haben es gesehen. Und da sind die zwanzig Pfennig Trinkgeld, die ich bekommen habe.«

Da sah Herr Pfäffling mit fröhlichem, warmem Blick auf seinen Jungen und sagte: »Es gibt allerlei Heldentum, das war auch eines; nein, Kind, du bist kein Feigling!«

Agnes Sapper

Morgen, Kinder, wird's was geben

Morgen, Kinder, wird's was geben,
morgen werden wir uns freun.
Welch ein Jubel, welch ein Leben
wird in unserm Hause sein.
Einmal werden wir noch wach,
heißa, dann ist Weihnachtstag.

Wie wird dann die Stube glänzen
von der großen Lichterzahl,
schöner als bei frohen Tänzen
ein geputzter Kronensaal!
Wisst ihr, wie im vorigen Jahr
es am Weihnachtsabend war?

Wisst ihr noch mein Räderpferdchen,
Malchens nette Schäferin,
Jettchens Küche mit dem Herdchen
und dem blank geputzten Zinn?
Heinrichs bunten Harlekin
mit der gelben Violin?

Wisst ihr noch die Scherenschnitte
und die Hirten vor dem Stall?
Eine Puppe für Brigitte
und für mich den bunten Ball?
Franzls neue Eisenbahn
und das viele Marzipan?

Wisst ihr noch den großen Wagen
und die schöne Jagd von Blei?
Unsre Kleiderchen zum Tragen
und die viele Näscherei?
Meinen fleißgen Sägemann
mit der Kugel untendran?

Wisst ihr, wie wir Lieder sangen
unterm bunten Weihnachtsbaum?
Wie vom Turm die Glocken klangen?
Alles war uns wie im Traum.
Wisst ihr noch vom vorigen Jahr,
wie's am Weihnachtsabend war?

Welch ein schöner Tag ist morgen.
Neue Freuden hoffen wir.
Unsre guten Eltern sorgen
lange, lange schon dafür.
O gewiss, wer sie nicht ehrt,
ist der ganzen Lust nicht wert.

Karl Friedrich Splittgarb

Variationen zu »Morgen, Kinder,
wird's was geben«

Es ist schade, dass dieses Lied kindlicher Vorfreude und angefüllt mit Weihnachtsseligkeit nur für einen einzigen Tag im Jahr Gültigkeit hat – nämlich für den Tag vor dem Heiligen Abend. Dabei genügt es, die erste und die letzte Strophe geringfügig abzuändern, dann eignen sich diese Verse für die ganze Adventszeit und werden sicher nicht bloß in kinderreichen Familien gern und immer und immer wieder gesungen:

Bald, ihr Kinder, wird's was geben,
bald – da werden wir uns freun.
Welch ein Jubel, welch ein Leben
wird in unserm Hause sein.
Zwanzigmal (oder neunzehnmal oder siebenmal – je nachdem, wie oft man noch schlafen muss bis zum 24. Dezember)
werden wir noch wach,
heißa, dann ist Weihnachtstag.

In der Schlussstrophe heißt es dann:

Welch schöner Tag ist noch nicht heute,
neue Freuden hoffen wir!
Viele liebe gute Leute
sorgen lange schon dafür.
O gewiss, wer sie nicht ehrt,
ist der ganzen Lust nicht wert.

Und wem es peinlich ist, dass nur die »lieben Eltern« in der letzten Strophe (Originalfassung), nicht aber andere Verwandte, Paten und Freunde dankbar lobend erwähnt werden, der mag auch am 23. Dezember die Änderung »viele gute Leute« beibehalten, obgleich schöner klingt

viele gute Menschen sorgen
lange, lange schon dafür.

Denn einen Tag vor dem Heiligen Abend kann man ja endlich richtig singen:

Welch ein schöner Tag ist *morgen*
und darauf reimt sich dann »viele gute Menschen *sorgen*«, während in der Adventszeit der Reim »heute – Leute« vorherrscht.

Polly hilft der Großmutter

Ich wünschte, ihr könntet das Haus sehen, in dem Polly wohnte. Es war so klein und niedlich, dass man es beinahe für ein Märchenhaus halten konnte, wisst ihr, so ein Märchenhaus, in dem sonst Zwerge oder Kobolde wohnen. Das Haus lag an einer engen, abfallenden Kopfsteinpflasterstraße im allerärmsten Teil der Stadt. Es war wirklich eine arme Straße und die anderen Häuser dort waren nicht viel feiner als Pollys Haus.

Pollys Haus – was sage ich? Natürlich war es nicht Polly, die in diesem Haus schaltete und waltete. Das tat Großmutter. Großmutter, die Bonbons kochte und sie dann jeden Sonnabend auf dem Markt verkaufte. Ich nenne es aber trotzdem Pollys Haus. Wenn man vorbeiging, konnte man Polly auf der Steintreppe zur Straße hin sitzen sehen. Sie hatte die braunsten und fröhlichsten Augen und die rosigsten Wangen, die wohl jemals irgendein Kind gehabt hat. Und dann sah sie – wie soll ich sagen? – sie sah so patent aus.

Ja, so patent! Deswegen hatte ja ihre Großmutter auch den Einfall gehabt, sie »Polly patent« zu nennen.

Großmutter sagte, Polly habe schon damals, als sie drei Monate alt war und in einem Körbchen lag, patent ausgesehen. Das Körbchen war eines Tages bei Großmutter abgestellt worden mit dem Bescheid, sie möchte sich um die Kleine kümmern, weil kein anderer da sei, es zu tun.

Oh, das Haus, wie war es niedlich! Zwei kleine Fenster gingen auf die Straße hinaus und dort konnte man oft eine Nasenspitze und zwei fröhliche braune Augen sehen. Hinter dem Haus, gut beschützt durch einen hohen grünen Zaun, lag ein kleiner Garten – wenn man einen Platz, auf dem nur ein Kirschbaum und einige Stachelbeersträucher stehen, Garten nennen kann.

Es gab natürlich auch ein kleines saftig grünes Stückchen Rasen dort, und da saßen im Frühling, wenn es warm und sonnig war, Polly und die Großmutter und tranken Kaffee. Das heißt: Großmutter trank den Kaffee. Polly tauchte nur Würfelzucker in Großmutters Kaffeetasse. Und dann warf sie den Spatzen, die auf dem Gartenweg umherhüpften, Brotkrumen zu.

Polly fand Großmutters Haus wunderschön, wenn es auch klein war. Abends, wenn sie auf das Küchensofa gekrochen war, wo sie schlief, und Großmutter am Küchentisch saß und Bonbonpapier zuschnitt, sprach Polly mit klarer Stimme ihr Abendgebet:

> Ein Engel geht, von Gott gesandt,
> ums Haus, zwei Kerzen in der Hand.
> Er trägt ein Buch, er winkt mir zu.
> Jetzt schlaf ich ein in guter Ruh.

Polly war sehr froh, dass ein Engel während der Nacht um ihr Haus ging. Es war so beruhigend. Sie war nur ein wenig in Sorge, wie er das alles tragen konnte, zwei Kerzen und ein Buch. Sie hätte sehr gern gesehen, wie er das machte und wie er dabei auch noch winken konnte.

Polly sah oft aus dem Fenster in den Garten. Vielleicht konnte sie doch einmal den Engel sehen. Bis jetzt war es ihr noch nie geglückt. Sicher kam er immer erst, wenn Polly schon eingeschlafen war.

Als das geschah, wovon ich erzählen will, war Polly noch nicht sieben Jahre alt. Was geschah, war nicht besonders merkwürdig. Großmutter rutschte auf dem Küchenfußboden aus und verletzte sich ein Bein. Merkwürdig war das nicht, denn so etwas kann jeden Tag passieren. Aber es war nur noch eine Woche bis Weihnachten!

Denkt nur, was wurde aus den vielen Bonbons, die auf dem Weihnachtsmarkt verkauft werden sollten? Wer sollte das machen, wenn Großmutter im Bett lag und das Bein nicht bewegen konnte, ohne gleich vor Schmerzen zu stöhnen? Wer

sollte den Weihnachtskuchen backen und die Weihnachtsgeschenke einkaufen und das Haus weihnachtsfein machen?

»Das mache *ich*«, sagte Polly.

Ich habe ja gesagt, sie war ein patentes Kind.

»Achachach«, sagte Großmutter in ihrem Bett, »gutes Kind,
das kannst du doch nicht. Wir werden Frau Larsson fragen
müssen, ob sie über Weihnachten auf dich aufpassen will. Und
dann werden wir sehen, ob ich ins Krankenhaus kommen
kann.« Da sah Polly patenter aus als je zuvor. Sollte sie Weihnachten bei Larssons sein? Und Großmutter im Krankenhaus?
Sollten Großmutter und Polly nicht Weihnachten so feiern,
wie sie es gewohnt waren? Doch, das sollten sie, sagte Polly,
bald sieben Jahre alt und mit den braunsten und fröhlichsten
Augen der Welt.

Und dann begann sie mit dem Weihnachtsgroßreinemachen. Sie musste natürlich Großmutter fragen: »Wie macht
man Weihnachtsgroßreinemachen?«

Polly hatte nur eine schwache Vorstellung davon, dass man
zuerst einmal das ganze Haus auf den Kopf stellte, so dass die
Möbel in wüstem Durcheinander herumstanden und alles so
ungemütlich wie möglich wurde. Dann stellte man alles wieder zurecht und es war Weihnachten.

Großmutter meinte: »In diesem Jahr nehmen wir es mal
nicht so genau. Wir kümmern uns nicht darum, die Fenster zu
putzen.«

Davon aber wollte Polly nichts hören. Ohne saubere Gardinen konnte gar nicht Weihnachten sein und saubere Gardinen
konnte man doch nicht vor schmutzige Fenster hängen. Frau
Larsson kam und half ein bisschen. Sie schrubbte den Fußboden in der kleinen Küche und in dem kleinen Zimmer. Sie
putzte auch die Fenster. Aber alles andere machte Polly.

Ihr hättet sehen sollen, wie sie umherlief mit einem Tuch
um den Kopf und dem Besen in der Hand! Sie sah unglaublich
patent aus. Sie steckte saubere Gardinen auf. Sie legte Flickenteppiche auf den Küchenfußboden und staubte alle Möbel ab.

Und zwischendurch musste sie alles liegen lassen und Kaffee für Großmutter kochen und Wurst und Kartoffeln braten. Im Herd musste sie selbst Feuer anmachen. Ein Glück, dass es ein so guter Herd war! Polly stopfte das Zeitungspapier und das Holz hinein und blies. Und dann horchte sie aufgeregt, ob es knisterte. Und wie es knisterte! Großmutter bekam ihren Kaffee und sie wiegte den Kopf hin und her und sagte:

»Mein gutes Kind, wie könnte ich ohne dich fertig werden!« Und Polly saß auf der Bettkante, einen großen Schmutzfleck auf der Nase, und tauchte ein Stück Zucker in Großmutters Kaffeetopf, bevor sie wieder ans Reinmachen ging.

Ja, aber nun die Bonbons, die schon fertig waren und auf dem Markt verkauft werden sollten? Wer sollte das machen? Polly und kein anderer! Aber Polly konnte doch nicht rechnen und die Bonbons auch nicht auf der kleinen Waage abwiegen, so wie Großmutter es tat, wenn sie in ihrem Bonbonstand auf dem Markt war. Aber Polly wusste, wie ein Fünfziger aussah. Das wusste sie! Großmutter musste sich im Bett aufrichten und die Bonbons in Tütchen einwiegen. Hundert Gramm in jedes Tütchen. Das wurden genau Fünfzigertütchen.

Drei Tage vor Heiligabend war Weihnachtsmarkt. An dem Morgen war Polly früh auf und Großmutter bekam ihren Kaffee ans Bett.

»Gutes Kind«, sagte Großmutter, »es ist doch so kalt. Du frierst dir die Nase ab.«

Da lachte Polly nur. Sie war schon fertig, fertig für ihr großes, seltsames Bonbonabenteuer. Und wie sie angezogen war! Zwei dicke Jacken unter dem Mantel und die Pelzmütze heruntergezogen bis über die Ohren und einen dicken Wollschal um den Hals geschlungen und große rote Handschuhe an und dann Großmutters riesige Strohschuhe über ihren Stiefeln – wegen des Frostes. Und an ihrem Arm hing der Korb, voll von Bonbons.

»Auf Wiedersehen, Großmutter«, sagte sie und ging in die Winterfinsternis hinein. Viele Menschen waren schon unterwegs auf den Straßen. Das war auch kein Wunder, denn es war Weihnachtsmarkt.

Es war wirklich kalt. Der Schnee knirschte unter den Strohschuhen, als Polly zum Markt ging. Aber drüben im Osten begann der Himmel herrlich rot zu werden. Es würde einen schönen Tag geben.

Frau Larssons Mann war so nett gewesen, Großmutters Stand am gewohnten Platz aufzubauen. Polly brauchte nur die Bonbontüten aufzustellen. Die anderen Marktfrauen starrten Polly verwundert an.

»Hat Matilda denn den Verstand verloren? Soll die Kleine jetzt auf dem Markt stehen?«, fragten sie.

»Ja, sie soll«, sagte Polly patent.

Wie Rauch stand der Atem vor ihrem Mund und ihre Augen leuchteten vor Eifer, als sie die Tüten aufstellte.

»Das ist doch wohl die kleinste Marktfrau, die ich je gesehen habe«, sagte der Bürgermeister, als er auf dem Weg zum Rathaus vorbeikam. Er kaufte zwei Tüten Bonbons und gab Polly ein blankes Einkronenstück.

»O nein«, sagte Polly. »Ich muss zwei Geldstücke haben. Zwei Fünfziger müssen es sein!«

Da lachte der Bürgermeister und suchte nach zwei Fünfzigern.

»Hier hast du sie«, sagte er. »Und die Krone kannst du auch behalten, du kleines patentes Kerlchen.«

Aber das wollte Polly nicht.

»Ich muss zwei Fünfziger haben«, sagte sie. »Einen für jede Tüte. Das hat Großmutter gesagt.«

Und schob patent die Krone zurück.

Viele Käufer kamen zu Polly. Alle wollten sie von der allerkleinsten Marktfrau kaufen. Großmutters Bonbons, rot und weiß, süß und herrlich, waren aber auch die besten in der ganzen Stadt. Polly hatte eine Zigarrenkiste, in die sie das Geld hineinlegte, und es klapperte schon ganz schön. Aber nur von Fünfzigern. Andere Geldstücke erkannte Polly nicht an. Die anderen Marktfrauen wurden beinahe neidisch, als sie sahen, welch ein großartiges Geschäft Polly machte. Polly selbst war so froh und ausgelassen, dass sie kaum still stehen konnte. Ha, auf so etwas würde sie sich werfen, Millionen, viele Millionen Bonbons würde sie kochen und dann jeden Tag auf dem Markt stehen!

Großmutter lag zu Hause in ihrem Bett und machte gerade ein Schläfchen, als Polly angestürmt kam und den Inhalt der Zigarrenkiste auf der Decke ausschüttete. Und der Korb war leer. Nicht ein einziger Bonbon war mehr da.

»Gutes Kind«, sagte Großmutter, »wie könnte ich ohne dich fertig werden.«

Und dann das mit den Weihnachtsgeschenken! Großmutter hatte ja nichts im Voraus kaufen können. Sie hatte bis nach dem Weihnachtsmarkt warten wollen. Vorher hatte sie doch kein Geld! Nun lag sie da und konnte sich nicht rühren. Und Polly, die sich so sehnlich eine Puppe wünschte! Nicht irgendeine Puppe – nein, die süßeste Puppe der Welt! Söderlunds in der Hinteren Kirchgasse hatten sie. Großmutter und Polly hatten sie sich oft angesehen. Und ganz heimlich hatte Großmutter schon Fräulein Söderlund gebeten, *diese* Puppe bis nach dem Weihnachtsmarkt zurückzulegen. Die Puppe hatte ein entzückendes Spitzenkleidchen, konnte schlafen und Mama sagen und war überhaupt ohne Frage die herrlichste Puppe, die es gab.

Großmutter konnte doch nicht Polly losschicken, damit sie sich ihr eigenes Weihnachtsgeschenk kaufte. Ja, da war guter Rat teuer. Aber was dachte sich Großmutter aus? Sie schrieb einen Zettel an Fräulein Söderlund, einen Geheimzettel. »Geheim«, stand groß darauf.

Eigentlich war das überflüssig, denn Polly konnte ja sowieso noch nicht lesen. Mit dem Zettel in der Hand lief Polly zu Söderlunds.

Fräulein Söderlund las den Zettel lange und sorgfältig. Und dann durfte Polly in den Raum hinter dem Laden gehen, dort-

hin, wo es so geheimnisvoll roch. Nachdem sie da ein Weilchen gesessen hatte, kam Fräulein Söderlund, gab ihr ein großes Paket und sagte:

»Geh jetzt hiermit direkt zur Großmutter. Und verlier das Paket nicht!«

O nein, *das* Paket verlor Polly nicht. Sie drückte nur ein bisschen daran. Sie hoffte ja, es wäre die Puppe, aber ganz sicher konnte man nicht sein.

Polly kaufte für Großmutter auch ein Weihnachtsgeschenk. Ein Paar feine Fingerhandschuhe. Die hatte sich Großmutter schon lange gewünscht.

War da jemand, der geglaubt hatte, dass es bei Polly und ihrer Großmutter kein richtiges Weihnachtsfest geben würde? In diesem Fall wünschte ich nur, er hätte am Weihnachtsabend einmal durch eins der kleinen Fenster in Pollys Haus hineingeschaut. Dann hätte er die sauberen Gardinen gesehen und die Flickenteppiche auf dem Boden und den schönen Weihnachtsbaum, der dicht bei Großmutters Bett stand. Polly hatte ihn selbst auf dem Markt gekauft und ihn mit Lichtern und Kugeln und Äpfeln und Nüssen geschmückt. Er hätte dann auch gesehen, wie Polly bei Großmutter auf dem Bettrand saß und wie die Weihnachtsgeschenke auf Großmutters Bettdecke lagen und wie Pollys Augen leuchteten, als sie das Paket öffnete und die Puppe sah. Vielleicht leuchteten sie noch mehr, als Großmutter *ihr* Paket aufmachte.

Und auf dem großen runden Tisch brannten die Kerzen in den roten Leuchtern. Da stand auch das ganze Festessen, das Polly zubereitet hatte. Natürlich hatte Großmutter ihr erklärt, wie sie es machen musste.

Und Polly sang viele Weihnachtslieder und Großmutter nickte mit dem Kopf und sagte:

»So ein gesegnetes Weihnachtsfest!«

Als Polly am Weihnachtsabend endlich auf dem Küchensofa lag, war sie so müde, dass sie am liebsten auf der Stelle eingeschlafen wäre. Mit ziemlich schläfriger Stimme stotterte sie

das Gebet von dem Engel, der ums Haus geht, und warf noch einen hastigen Blick aus dem Fenster in den Garten. Es schneite draußen, es war strahlend weiß.

»Großmutter!«, rief sie. »Weißt du, dass der ganze Garten voller Engel ist?«

Großmutter lag zwar im Zimmer und das hatte nur Fenster zur Straße, aber sie sagte:

»Ja, ja, gutes Kind, der ganze Garten ist voller Engel.«

Und dann schlief Polly ein, ihre Puppe im Arm.

Astrid Lindgren

Die lustige Weihnacht

Heute tanzen alle Sterne,
und der Mond ist blank geputzt.
Petrus in der Himmelsferne
Hat sich seinen Bart gestutzt.

Überall erklingt Geläute,
fröhlich schmückt sich Groß und Klein,
und die Heiligen tragen heute
ihren Sonntags-Heiligenschein.

Es ertönen tausend Flöten,
tausend Kerzen geben Glanz.
Und die würdigen Kometen
wedeln lustig mit dem Schwanz.

Hinterm Zaun im Paradiese,
gar nicht weit vom Himmelstor,
musiziert auf einer Wiese
auch der Engelkinderchor.

Ihre roten Tröpfelnasen
putzen sich die Kleinen schnell,
und dann singen sie und blasen
auf Fanfaren silberhell.

Jedes Jahr um diese Stunde
singen sie nach altem Brauch.
Alle Sterne in der Runde
lauschen – und die Menschen auch.

Manchmal aber, leise, leise,
wird der Chor der Engel stumm,
und im ganzen Sternenkreise
geht ein sanftes Flüstern um.

Dann erscheinen sieben Schimmel;
zärtlich ruft es: »Hüh und hott!«
Und gemächlich durch den Himmel
fährt daher der liebe Gott.

Da verstummen alle Lieder,
und die Engel machen fix
mit gefaltetem Gefieder
vor dem Herrgott einen Knicks.

Alle goldnen Sternenherden
drehn sich still dazu im Tanz.
Und im Himmel wie auf Erden
leuchtet Weihnachtskerzenglanz.

James Krüss

Das Christkind

Die Nacht vor dem Heiligen Abend,
Da liegen die Kinder im Traum.
Sie träumen von schönen Sachen
Und von dem Weihnachtsbaum.

Und während sie schlafen und träumen,
Wird es am Himmel klar,
Und durch den Himmel fliegen
Drei Engel wunderbar.

Sie tragen ein holdes Kindlein,
Das ist der Heilige Christ.
Es ist so fromm und freundlich,
Wie keins auf Erden ist.

Und wie es durch den Himmel
Still über die Häuser fliegt,
Schaut es in jedes Bettchen,
Wo nur ein Kindlein liegt.

Es freut sich über alle,
Die fromm und freundlich sind,
Denn solche liebt von Herzen
Das liebe Himmelskind.

Heut schlafen noch die Kinder
Und sehen es nur im Traum.
Doch morgen tanzen und springen
Sie um den Weihnachtsbaum.

Robert Reinick

O Wunder was geschah

Vom Ochsen und vom Esel

Vom Ochsen und vom Esel hat die Schrift durchaus nichts zu melden. Ich weiß nicht mehr, wo ich die Geschichte von diesem ungleichen Paar zuerst hörte, wahrscheinlich hat sie wohl nur meine Mutter erfunden, um den lästigen Frager loszuwerden, der auf dem Kinderschemel zu ihren Füßen saß.

Demnach war es aber so, dass der Erzengel, während Joseph mit Maria nach Bethlehem wanderte, die Tiere in der Gegend heimlich zusammenrief, um eines oder das andere auszuwählen, das der Heiligen Familie im Stall mit Anstand aufwarten konnte.

Als Erster meldete sich natürlich der Löwe. Nur jemand von königlichem Geblüt sei würdig, brüllte er, dem Herrn der Welt zu dienen. Er werde sich mit all seiner Stärke vor die Tür setzen und jeden zerreißen, der sich in die Nähe des Kindes wagte.

»Du bist mir zu grimmig«, sagte der Engel.

Darauf schlich der Fuchs heran und erwies in aller Unschuld eines Diebes seine Reverenz mit der Rute. König hin oder her, meinte er, vor allem sei doch für die leibliche Notdurft zu sorgen. Deshalb mache er sich erbötig, süßesten Honig für das Gotteskind zu stehlen, und jeden Morgen auch ein Huhn in den Topf für die Wöchnerin.

»Du bist mir zu liederlich«, sagte der Engel.

Nun stelzte der Pfau in den Kreis. Das Sonnenlicht glänzte in seinem Gefieder, rauschend entfaltete er sein Rad. So wolle er es auch hinter der Krippe aufschlagen, erklärte er, und damit den armseligen Schafstall köstlicher schmücken als Salomon seinen Tempel.

»Du bist mir zu eitel«, sagte der Engel.

Hinterher kamen noch viele der Reihe nach, Hund und Katze, die kluge Eule und die süß flötende Nachtigall, jedes pries seine Künste an, aber vergeblich. Zuletzt blickte der strenge Cherub noch einmal um sich und sah Ochs und Esel draußen auf dem Felde stehen, beide im Geschirr, denn sie dienten einem Bauern und mussten Tag für Tag am Wassergöpel im Kreise laufen.

Der Engel rief auch sie herbei. »Ihr beiden, was habt ihr anzubieten?«

»Nichts, Euer Gnaden«, sagte der Esel und klappte traurig seine Ohren herunter. »Wir haben nichts gelernt, außer Demut und Geduld. Denn in unserem Leben hat uns alles andere immer nur noch mehr Prügel eingetragen.«

»Aber«, warf der Ochse schüchtern ein, »aber vielleicht könnten wir dann und wann ein wenig mit den Schwänzen wedeln und die Fliegen verscheuchen!«

»Dann seid ihr die Rechten!«, sagte der Engel.

Karl Heinrich Waggerl

Die Hirten

Es roch so warm nach den Schafen,
da sind sie eingeschlafen.
O Wunder was geschah:
Es ist eine Helle gekommen,
ein Engel stand da.

Sie haben sein Wort vernommen,
war schwer zu verstehen.
Sie mussten nach Bethlehem gehen
und sehen.

Sie haben vor den Krippen
aus runden Augen geschaut.
Sie stießen sich stumm in die Rippen.
Einer hat sich gekraut,
einer drückte sich gegen die Wand,
einer schnäuzte sich in die Hand
und wischte sich über die Lippen.

Aber Iwan Akimitsch, der vorne stand,
der den heimlichen Branntwein braut,
Iwan Akimitsch vom Wiesenrand,
Iwan Akimitsch hat sich endlich getraut,
hat dreimal gespuckt,
dreimal geschluckt,

dann sagte er laut:
»Wir haben nicht immer gut getan.
Du liebes Kind,
Schau uns nur einmal freundlich an.
Geh, tu's geschwind.«

Da war ihnen leicht, sie wussten nicht wie,
da fielen sie alle in die Knie,
da lachte das Kind und segnete sie.
Joseph lächelte und Marie.

Werner Bergengruen

Das Peitschchen

Als das Jesuskind durch Flandern zog – und es kannte wohl die ganze Welt –, kam es mitsamt seiner Mutter in der großen Stadt Gent am Morgen eines Weihnachtstages an. Die ganze Stadt war für das Fest gerüstet. Auf den Straßen drängten sich die Menschen, um auf den Märkten und in den Läden die neuesten und letzten Herrlichkeiten zu erwischen, mit denen sie ihren Angehörigen und ihrem Gesinde am Abend eine Freude machen könnten. Vor der großen Kirche Sankt Baafs, die wie ein gewaltiger grauer Magnetberg über die Stadt und die Menschen emporragte, die Häuser um sich versammelt hielt und die Menschenströme in sich hineinzog, war ein Weihnachtsmarkt errichtet, und die Pfefferkuchenstände, die Buden mit bunten Likören, mit Christbaumschmuck und Kerzen, mit Zinnsoldaten und Zinnlöffeln, mit Pfeifen, Trompeten und allerhand Kinderspielzeug standen hübsch in Reihen geordnet und einträchtig nebeneinander.

Da es noch früh am dämmerigen Morgen war, die Leute vom Lande jedoch, um nichts zu versäumen und einen möglichst langen Tag des Betrachtens und Auswählens vor sich zu haben, schon in die Stadt hineinwogten, brannten in allen Ständen über den Auslagen die Lampen, und die Verkäufer brachten die erste Ordnung in ihre Sachen, die der vorangegangene Tag etwas in Unordnung gebracht hatte.

Gerade am Zugang zum Hauptportal der Kirche behauptete ein großer Spielwarenstand seinen Platz. Da waren Trommeln und Trompeten, Reifen und Kreisel, bunte Glaskugeln, Puppen und Kegel, kleine Männchen, die in Glasröhren in einer rosa Flüssigkeit auf und nieder stiegen, wenn man die Röhre in die Hand nahm, Mundharmonikas und winzige Drehorgeln, die das »Ehre sei Gott in der Höh« in zarten Tönen von sich gaben, wenn man leise die Kurbel drehte. Und gerade hängte eine Magd ein buntes Gedränge von blauen, roten und grünen Luftballons, alle eben neu mit Gas gefüllt und prall, dass sie knirschten, wenn sie aneinander stießen, an der Ecke der Bude auf, und darunter hängte sie ein ganzes Bündel kleiner Peitschchen mit geflochtenen Schnüren aus weißem zartem Leder, gelben Schmitzchen und bunten Stielen. Jeder Stiel endete in ein rotes Pfeifchen aus Kirschenholz.

Im Hintergrund der Bude aber, hinter den langen Brettern und Tischen, auf denen alle die schönen Sachen ausgelegt waren, standen drei Kinder, so blond und auch wohl so alt wie ihr, denen diese Geschichte erzählt wird. Ihre Mutter war die Besitzerin des Spielwarenstandes. Da sie zu so früher Stunde nicht auf Käufer hoffen konnte, war sie noch nicht zur Stelle, sondern hatte es der Magd überlassen, die Auslage herzurichten; und diese hatte die Kinder mitgenommen.

Da standen sie nun, und während sie teilnahmsvoll und neugierig guckten, wie die Magd immer neue Reichtümer und Herrlichkeiten auspackte und zum Verkauf ordnete, begannen in ihren Herzen Wünsche hin und her zu jagen, welcher Gegenstand von allen ihnen wohl am besten gefiele, damit sie ihn sich von ihrer Mutter selbst als Weihnachtsgabe ausbitten könnten. Denn das wussten sie vom letzten Jahr und gedachten es auch diesmal dahin zu bringen, dass ihre Mutter jedem von ihnen erlaubte, sich aus der Fülle der Dinge etwas auszuwählen.

»Wenn es am Abend nicht verkauft ist«, pflegte dann die Mutter zu sagen; denn der geringe Erlös aus dem Spielzeug ließ es nicht zu, dass sie die Dinge von vornherein für die Kinder beiseite stellte. Und dann zitterten die Kinder den ganzen Tag um den gewünschten Gegenstand, und jedes Mal, wenn ein Käufer herantrat, stieg ihnen das Blut zu Kopf, und sie fühlten ihr Herz schlagen. Ging er dann weg, ohne, wie sie meinten, ihren Gegenstand entdeckt zu haben, waren sie glücklich. Aber beim nächsten wiederholte sich die Pein.

»Das vorige Jahr hatte ich mir eine Puppe gewünscht«, sagte das eine Mädchen, »aber nach wenigen Tagen zerbrach sie. Ich wünsche mir diesmal etwas anderes.« Dann trat wieder Schweigen und Überlegen ein. Keines wollte sich verraten.

»Eigentlich wäre ein Kreisel sehr schön«, meinte das ältere Mädchen, »er zerbricht nicht. Ich sehe Dinge gern, die tanzen und sich drehn.«

Alle drei guckten nach einem großen Haufen bunt bemalter harter Kreisel, die eben aus einem Sack hüpften, den die Magd auf den Tisch stülpte.

»Ich wünsche mir einen Kreisel und ein Peitschchen dazu«, sagte die Älteste, die mit sich im Reinen war.

Die andern fanden die Idee auf einmal herrlich. »Ich wünsche mir auch einen Kreisel und ein Peitschchen«, sagte das zweite Mädchen, als ob es nicht gesonnen wäre zurückzustehen.

»Ich auch«, sagte der Junge, dem es willkommen war, dass die älteren Schwestern sich entschieden hatten. Und alle drei guckten eifrig und prüfend nach dem Haufen Kreisel auf dem Tisch und nach dem Bündel Peitschchen, das von der Ecke der Bude herabhing.

»Während der Kreisel Schwung hat und sich dreht, kann man pfeifen«, bemerkte der Junge und fand das sehr beachtlich. Das Pfeifchen am Peitschenstiel musste doch seinen Sinn haben. »Und dann versetzt man dem Kreisel wieder einen. Und dann pfeift man wieder.«

»Wer am besten kreiseln kann, kann am besten pfeifen«, meinte die Älteste.

»Wenn wir alle drei zugleich pfeifen –!« Dies sagte die Jüngere, sah mit großen Augen in die Ferne und hatte offenbar eine wunderbare Erscheinung.

Während sie so schwatzten, kam inmitten der Menge des Volkes, das der Kirche zuströmte, das Jesuskind daher. Es war damals schon größer und saß rittlings auf dem treuen Esel, der von den vielen Fahrten – nach Ägypten und in alle Welt – nicht mehr ganz frisch war und mit kleinen andächtigen Schritten in der Menge trippelte. Dem Jesusknaben ging das zu langsam. Vergebens zauste er das Eseltier mit seinen kleinen Händen im zottigen Fell, stieß es mit den Beinchen in die Seiten oder suchte es durch kleine Zurufe zu ermuntern. Der Esel blieb in seinem Gang, und die Jungfrau Maria, die lächelnd hinter ihrem Kinde schritt, trieb ihn nicht an.

Wie sie nun in diesem Aufzuge, oftmals gehemmt durch ein sanftes Stehenbleiben des Tieres, vor dem Spielwarenstand anlangten, gewahrte Jesus an der Ecke das Bündel Peitschchen; er ergriff, indem er seinen Esel herantrieb, als rechter Herr der Welt eines am Stiel und zog es, ohne viel zu fragen, aus der Schlinge, in der es mit seinen Kameraden aufgehängt war. Dann schwang er es lustig über seinem Reittier.

»Halt! Nicht!«, rief die Magd, und auch die Kinder wollten Halt! Nicht! rufen und krausten die Gesichter. Aber sie brachten keinen Ton aus den Kehlen. Das Jesuskind blickte sie nur aus seinen unergründlichen Augen einmal freundlich und sieghaft an. Da war es, als ob es um sie geschehen wäre. Der Atem stockte ihnen, alle drei griffen nacheinander, als müssten sie sich an etwas festhalten, und in einer süßen Bangigkeit der Herzen folgten sie mit den Augen dem wundersamen Knaben, der sie mit einem einzigen Blick in seinen Bann getan hatte, wie sie wohl selbst ein paar Wasserkäfer in ein Glas steckten.

»Wer ist denn das?«, fragten sie einander leise, ohne sich anzusehen. Und als nun gar noch eine überirdisch hohe Frau an ihnen vorüberzog und sie mit einem seltsam fremden Gruß zu streifen schien und es ihnen so ganz weihnachtlich zumute wurde, da sagte die Älteste vorsichtig: »Es könnte beinahe das Christuskind gewesen sein.«

»Was du nur immer hast!«, sagte die Jüngere. »Natürlich war es das Christkind! Einem andern Kind hätten wir das Peitschchen doch gar nicht gelassen.«

»Welches war das Christkind?«, fragte der Junge. »Wenn ihr es gesehen habt, will ich es auch gesehen haben.«

»Das auf dem Esel«, sagten die beiden andern nun sehr bestimmt.

»Das auf dem Esel? Ja!«, sagte der Knabe. »Wenn es nicht das Christkind gewesen wäre, hätte es auch das Peitschchen gar nicht nehmen dürfen.«

»Wir hätten doch einem andern Kind das Peitschchen gar nicht gelassen«, sagte das zweite Mädchen wieder. »Und wir mussten es ihm doch lassen.«

In diesen Worten fanden die Kinder eine vollkommene Sicherheit, und alle drei waren so gewiss, das Christkind von Angesicht zu Angesicht gesehen zu haben, wie es gewiss war, dass sie die Kinder ihrer Mutter waren. Und dann kam ihnen immer wieder der wundersame Blick des schönen Knaben, der Gruß der hoch gewachsenen Frau wie in einem verklärten Schein zurück und erfüllte sie mit einer geheimnisvollen Erregung.

Die Morgenglocken von Sankt Baafs erklangen feierlich über ihnen und der Weihnachtstag mit seinen Wundern zog herauf. Die Kinder hatten den Christusknaben gesehen und wer es ihnen bestritten hätte, den hätten sie mitleidig ausgelacht.

Da kam die Mutter. »Mutter, wir haben das Christkind gesehen«, riefen sie alle drei. Aber es war ihnen gar nicht lieb, als ihre Mitteilung nicht recht verfing, die Mutter vielmehr nur belustigt schien und sagte: »So? Da habt ihr was Rechtes gesehn! Und was wünscht sich nun jedes zu Weihnachten?«

Dass das Christkind das Peitschchen genommen hat, sagen wir jetzt lieber nicht, dachten die drei und antworteten auf die Frage ihrer Mutter. »Ich wünsche mir einen Kreisel und ein Peitschchen«, sagte die Älteste. – »Und ich auch«, sagte die Jüngere. – »Und ich auch«, rief der Junge.

»Wenn es am Abend nicht verkauft ist«, erwiderte die Mutter und betrat den Stand. Die Käufer drängten sich, der kurze Tag brach an, die Lampen wurden gelöscht und auch für die Kinder verschwanden die Ereignisse des Morgens im Grau des Tageslichts und im Gesumme des geschäftigen Treibens auf dem großen Markt. Zudem begann die Qual der Erwartung sie zu erfüllen, ob denn für jedes am Abend ein Kreisel und ein Peitschchen übrig sein werde. Und dies alles beschäftigte sie zu sehr, als dass sie an anderes hätten denken mögen. Jedes Mal, wenn ein Käufer herantrat und einen Kreisel oder ein Peitschchen verlangte, gab es in drei kleinen Herzen drei kleine Stiche, und wenn einer einen Kreisel mitsamt einem Peitschchen kaufte, waren die drei Stiche in den Herzen noch deutlicher fühlbar.

Aber ihre Qualen wurden immer größer und ihre Gesichter immer länger. Der hoch getürmte Haufen von Kreiseln nahm reißend ab, und das dicke Bündel Peitschchen wurde schmächtiger und schmächtiger. Noch einmal schüttete die Magd einen Sack Kreisel auf den Tisch und noch ein Bündel Peitschchen wurde an der Ecke der Bude aufgehängt. Dann war der Vorrat erschöpft. Die Kinder merkten gar nicht, dass auch die Puppen weniger wurden und die Trommeln und die Glasröhren mit den steigenden Männchen und die Spieldosen und die Bälle. Als der Tag vorüber war und die Stände überall geschlossen wurden, war in ihrem Stand alles ausverkauft. Nur drei Kreisel, die ganz allein aus der Fülle der Dinge übrig geblieben waren, lagen verlassen an der Stelle, wo der Haufen gewesen war. Aber kein Peitschchen war mehr da, sie anzutreiben, und so schienen die Kreisel völlig nutzlos und überflüssig.

Die Mutter überblickte ihren Stand, freute sich des guten Geschäftes und hohen Erlöses, den ihr der Tag gebracht, und hatte die Kinder ganz vergessen. Jetzt bemerkte sie sie wieder, wie sie traurig dasaßen und ihnen das Weinen nahe war.

»Nun? Was ist?«, fragte sie. Aber das war schon wie ein Stoß. Die Kinder brachen in helle Tränen aus und schnelle Perlchen rollten unaufhaltsam über ihre Kittel.

»Nun haben wir kein einziges Peitschchen«, jammerten sie durcheinander; »was sollen uns jetzt die Kreisel!«

Die Mutter rückte zwischen sie, wusste aber noch keinen Trost.

»Und das letzte Peitschchen hat uns das Christkind auch noch weggenommen«, klagte der Junge.

»Das Christkind?«, fragte die Mutter.

In diesem Augenblick öffneten sich, langsam und weit, die Flügeltüren am Hauptportal von Sankt Baafs, was sonst nur bei den feierlichsten Gelegenheiten geschah; denn die Menschen gingen seitlich durch zwei kleine Pforten ein und aus. Die Flügeltüren öffneten sich, und heraus trat die überirdische Frau, die in der Frühe die Kinder so seltsam gegrüßt hatte.

»Das ist sie, die mit dem Christkind war!«, flüsterten die Kinder und krochen eng an ihre Mutter heran. Und während alle vier kein Auge von der Gestalt wenden konnten, schritt diese ruhig auf den leeren Verkaufsstand zu. Wieder wie am Morgen stockte den Kindern der Atem, wieder griffen sie nacheinander, als müssten sie sich an etwas festhalten, und in einer süßen Bedrängnis der Herzen ergaben sie sich darein, dass ihnen etwas widerfuhr, was ihnen nie wieder in ihrem Leben widerfahren würde. Die Frau aber trug das Peitschchen in der Hand, das Jesus in der Frühe aus dem Bündel an der Ecke der Bude herausgezogen hatte, reichte es mit einer unnachahmlichen Bewegung der Mutter hin und sprach:

»Dies Peitschchen gehört wohl in diesen Stand.« Darauf streifte sie die Mutter und die Kinder mit ihrem Gruß, wendete sich und trat, wie sie gekommen, in die große Kirchentür zurück, deren Flügel sich hinter ihr schlossen.

Den Kindern war es eng und heiß und doch auch wieder weit und frei, und obzwar sie anfänglich etwas enttäuscht schienen, ging ihnen doch bald der Sinn auf: dass sie nämlich nun gar kein Peitschchen hätten, weil es längst mit den andern verkauft worden wäre, wenn das Christkind ihnen nicht am Morgen dieses Tages eines weggenommen hätte. Da wurden ihre Augen hell und sie sahen einander an. Die Mutter küsste ihre Kinder. Wie auf Verabredung ergriff jedes einen der drei Kreisel, alle drei fassten das Peitschchen an, als ob es ein langer Spieß wäre, und so trugen sie ihre Geschenke in einem glücklichen kleinen Triumphzug nach Hause.

Mit dem Peitschchen hatte es aber eine besondere Bewandtnis. Denn obgleich ein Peitschchen für drei Kreisel und drei Kinder reichlich wenig schien, entstand doch nie ein Streit darum. Es wurde den Kindern wie zu einem Wahrzeichen, dass Menschen alles miteinander teilen können.

Seit jener Zeit geht in Flandern eine Redensweise. Wenn mehrere so recht miteinander einig sind, sagt man wohl von ihnen: »Ach, die! Die haben ein Peitschchen miteinander.«

Rudolf G. Binding

Heilige Nacht

So ward der Herr Jesus geboren
im Stall bei der kalten Nacht.
Die Armen, die haben gefroren,
den Reichen war's warm gemacht.

Sein Vater ist Schreiner gewesen,
die Mutter war eine Magd.
Sie haben kein Geld besessen,
sie haben sich wohl geplagt.

Kein Wirt hat ins Haus sie genommen;
sie waren von Herzen froh,
dass sie noch in Stall sind gekommen.
Sie legten das Kind auf Stroh.

Die Engel, die haben gesungen,
dass wohl ein Wunder geschehn.
Da kamen die Hirten gesprungen
und haben es angesehn.

Die Hirten, die will es erbarmen,
wie elend das Kindlein sei.
Es ist eine G'schicht für die Armen,
kein Reicher war nicht dabei.

Ludwig Thoma

Ein Wahrheitslied

Als Gott der Herr geboren war,
Da war es kalt;
Was sieht Maria am Wege stehn?
Ein Feigenbaum.
»Maria, lass du die Feigen noch stehn,
Wir haben noch dreißig Minuten zu gehn,
Es wird uns spät.«

Und als Maria ins Städtlein kam
Vor eine Tür,
Da sprach sie zu dem Bäuerlein:
»Behalt uns hier,
Wohl um das kleine Kindelein,
Es möcht dich wahrlich sonst gereun,
Die Nacht ist kalt.«

Der Bauer sprach von Herzen: »Ja,
Geht in den Stall!«
Als nun die halbe Mitternacht kam,
Stand auf der Mann:
»Wo seid ihr dann, ihr armen Leut?
Dass ihr noch nicht erfroren seid,
Das wundert mich.«

Der Bauer ging da wieder ins Haus
Wohl aus der Scheuer:
»Steh auf, mein Weib, mein liebes Weib,
Und mach ein Feuer,
Und mach ein gutes Feuerlein,
Dass diese armen Leutelein
Erwärmen sich.«

Und als Maria ins Haus hin kam,
Da war sie froh,
Joseph, der war ein frommer Mann,
Sein Säcklein holt;
Er nimmt heraus ein Kesselein,
Das Kind tät ein bisschen Schnee hinein.
Und das sei Mehl.

Es tat ein wenig Eis hinein,
Und das sei Zucker,
Es tat ein wenig Wasser drein,
Und das sei Milch;
Sie hingen den Kessel übern Herd
An einen Haken, ohn Beschwerd,
Das Müslein kocht.

Ein Löffel schnitzt der fromme Mann
Von einem Span,
Der ward von lauter Helfenbein
Und Diamant,
Maria gab dem Kind den Brei,
Da sah man, dass es Jesus sei,
Unter seinen Augen.

Des Knaben Wunderhorn

Ein seltsamer Weihnachtsengel

Über der Tür zur Wohnstube meiner Eltern hing früher, als ich noch ein Kind war, ein Holzbrettchen mit Blumen darauf und einem Spruch. Der hieß: »Gastfrei zu sein vergesset nicht, denn dadurch haben manche ohne ihr Wissen schon Engel beherbergt«, und darunter stand ganz klein: Hebräer 13, Vers 2.

Wir Kinder wussten damals nicht, was der Spruch zu bedeuten hatte, und wir machten uns auch keine Gedanken darüber. Wir wussten nur, dass er sehr alt war und schon bei unseren Großeltern über der Stubentür gehangen hatte. Erst heute, viele Jahre später, muss ich oft an eine Geschichte denken, die genau zu dem Spruch passt. Es ist die Geschichte vom seltsamen Weihnachtsengel und ich will sie euch genau so erzählen, wie ich sie als Kind erlebt habe:

Es war am letzten Tag vor Weihnachten, am Heiligen Abend, kurz vor der Bescherung. Wir Kinder saßen um den großen Küchentisch unter der Lampe und würgten aufgeregt unsere letzten Bissen Brot hinunter.

»Erst wird gegessen«, sagte Mutter, »und danach gehen wir in die Weihnachtsstube.«

So war es jedes Mal am Heiligen Abend, und immer wieder waren wir so aufgeregt, dass wir kaum essen konnten. Plötzlich klopfte jemand gegen die Haustür. Mutter sah auf. »Na, wer kommt denn jetzt noch, so kurz vor der Bescherung«, sagte sie und ging zur Haustür. Draußen stand ein alter Mann, ein Landstreicher, wie es schien. Vater war gerade in die Weihnachtsstube gegangen.

»Ich will mal nachsehen, ob der Nikolaus schon fertig ist«, hatte er gesagt; das tat er immer, bevor er uns hereinrief. Und nun kam dieser Fremde dazwischen. Er bat bescheiden darum, sich am Ofen etwas aufwärmen zu dürfen. Wir wussten genau, dass Mutter ihn niemals abweisen und mit uns zur Bescherung gehen würde. Sie würde ihn auch nicht allein in der Küche sitzen lassen. Das steigerte unsere Ungeduld. Und was wir befürchtet hatten, das trat auch ein: Mutter ging in die Speisekammer, holte Brot und Wurst, bereitete dem Fremden ein Abendbrot und schenkte ihm heißen Glühwein ein.

»Lassen Sie es sich gut schmecken«, sagte sie freundlich zu dem Alten. Der hatte inzwischen seine schneenasse Jacke ausgezogen, sie neben sich auf einen Stuhl gelegt, hatte sich mit dem Rücken gegen den warmen Kachelofen gelehnt und fing nun an, in Ruhe sein Abendessen zu verzehren. Mutter sah uns unsere Ungeduld an.

»Es ist noch lange Abend, Kinder«, sagte sie, »geht ruhig noch ein bisschen ins Kinderzimmer und spielt dort. Ich rufe euch, wenn es so weit ist.«

Aber zum Spielen hatten wir jetzt überhaupt keine Ruhe und auch keine Lust.

Dann sahen wir schon lieber dem Landstreicher zu, wie er sich ab und zu seine roten Hände an der Hose abwischte, mit dem Taschenmesser langsam ein Stückchen nach dem anderen vom Brot abschnitt, es mit zittrigen Fingern in den fast zahnlosen Mund schob und gemächlich darauf herumkaute, bis es weich genug war, um es dann hinunterzuschlucken. Mutter schenkte ihm ein zweites Glas Glühwein ein, das er lächelnd und nickend entgegennahm, vorsichtig daran schlürfte und es vorsichtig neben sich auf den Ofensims stellte. Mutter setzte sich zu uns an den Tisch, nahm den Korb mit Stopfwäsche auf den Schoß und begann ein Stück nach dem anderen zu untersuchen, hier einen Knopf anzunähen, dort ein Loch zuzustopfen oder einen Flicken aufzunähen.

»Ich glaube, ich muss jetzt weiter«, sagte der Fremde nach ungefähr einer halben Stunde, die uns wie drei Stunden vorgekommen war. Dabei schaute er auf die große weiße Küchenuhr über der Tür.

»Wärmen Sie sich ruhig erst richtig auf«, sagte Mutter, »Ihre

Jacke ist ja noch ganz nass. Der Heilige Abend läuft uns nicht weg und Sie stören uns durchaus nicht.«

Draußen hatte es wieder stärker angefangen zu schneien. Aber nicht so, wie man sich ein weißes Winterschneegestöber vorstellt, nein, dicke, nasse Flocken wurden vom Tauwind gegen die Fenster geworfen und rutschten an der Scheibe herab, wobei sie sich langsam in Wasser auflösten.

»So können Sie nicht hinaus auf die Straße«, sagte Mutter, »Ihre Jacke ist ja noch nicht trocken, und draußen regnet es mehr, als es schneit. Wenn Sie möchten, können Sie bei uns bleiben. Wir haben zwar kein Bett frei, aber auf dem Sofa hier in der Küche können Sie schlafen, hier stört Sie keiner.«

Der Alte wehrte mit beiden Händen dankend ab.

»Ich komme schon unter, ich hab da meine Plätze«, sagte er und griff nach seiner halb trockenen Jacke. Mutter half ihm hinein. Dann verabschiedete er sich.

»Vergelt's Gott«, sagte er, nickte noch einmal grüßend zu uns Kindern herüber und ging auf den Flur hinaus.

Als die Haustür zufiel, sprangen wir erleichtert auf. »Gehen wir jetzt?«, rief ich, aber Mutter hob die Hand. »Nicht zu stürmisch«, mahnte sie, »erst muss Vater kommen und uns rufen.«

An Vater hatten wir gar nicht mehr gedacht. Er war in der Zwischenzeit im Stall gewesen, hatte den Kühen und Pferden noch etwas Futter vorgeworfen und nachgesehen, ob alle Türen von innen richtig verriegelt waren. Aber dann war es doch endlich so weit. Die Tür zur Weihnachtsstube wurde geöffnet, und wir standen vor dem Lichterbaum, der wie in jedem Jahr wieder mit Engelshaar und Lametta überzogen war. Beim Singen schielten wir schon unter den Christbaum. Alle Geschenke waren mit einem Bettlaken zugedeckt. Man konnte nur vermuten, was darunter stand. Nach dem Singen las Vater – wie in jedem Jahr – die Weihnachtsgeschichte vor. Wir kannten sie beinah auswendig, aber dennoch kam sie uns in jedem Jahr wieder neu vor. Sie schloss mit den Worten: »Die Hirten aber kehrten um und lobten Gott über alles, was sie gehört und gesehen hatten.«

Nun durften wir auch sehen, was unter dem Laken versteckt war. Ich bekam eine Dampfmaschine, meine große Schwester einen Küchenherd mit Töpfen und Pfannen und meine kleine Schwester eine Puppe, die auf den Knien durch die Stube krabbeln konnte, wenn man sie aufzog.

Den Alten in der nassen Jacke hatten wir längst vergessen. Nur als plötzlich ein kräftiger Windstoß um die Hausecke fegte und dicke kalte Tropfen gegen die Fensterscheiben schleuderte, da sagte unsere Mutter leise: »Wo er nun wohl sein mag? Ob er einen Unterschlupf gefunden hat?«

»Das hat er sicher«, sagte Vater, »die kennen ihre Plätze.« Das beruhigte uns.

Ich will jetzt nicht von diesem Heiligen Abend weitererzählen, sondern will ein Jahr überspringen.

Wir saßen wieder in der Küche am Abendbrottisch, genau wie im Jahr zuvor. Und als Mutter gerade den Tisch abräumen und Vater in die gute Stube gehen wollte, um nachzusehen, wie weit der Nikolaus inzwischen sei, da klopfte jemand an die Haustür. Wieder stand der Alte da mit seinen rot gefrorenen Händen, diesmal in einem langen dunkelgrauen Mantel, den ihm jemand mitleidig geschenkt hatte. »Unser Weihnachtsengel ist wieder da«, rief Mutter und sah aus wie jemand, der unverhofft nach langer Zeit einen lieben Bekannten wieder sieht. Alles wiederholte sich nun wie im letzten Jahr: das Brotemachen, das langsame Kauen, unser Warten, das Glühweintrinken und das bescheidene Verabschieden, denn er wollte auch diesmal nicht bleiben. Entweder fürchtete er, den Familienfrieden zu stören, oder er hatte überhaupt Angst, in festen Häusern oder sauberen Betten zu schlafen.

»Wir haben uns alle gefreut, Sie wieder zu sehen«, sagte Mutter beim Abschied zu ihm, und das war keine bloße Redewendung, sondern ihre ehrliche Meinung. Dann wandte sie sich uns Kindern zu.

»Ihr nicht?«, fragte sie, »freut ihr euch nicht, dass er wieder gekommen ist? Es hat ihm gefallen bei uns, sonst wäre er nicht wieder gekommen.«

Wir nickten, und es war uns, als sei diesmal unsere Ungeduld während seiner Anwesenheit lange nicht so groß gewesen wie im letzten Jahr.

So ging es weiter, drei oder vier oder gar fünf Jahre lang. Jedes Mal am Abend vor Weihnachten saß der Alte in unserer Küche am Ofen, wärmte sich, aß sich satt und trank seinen Glühwein. Er erzählte uns nie, woher er käme oder wohin er ginge. Vielleicht wusste er das selbst nicht so recht. Er wusste nur, dass er an jedem 24. Dezember gegen Abend bei uns einkehren durfte. So gehörte er allmählich mit zur Familie, jedenfalls zur Weihnachtsfamilie.

Und dann geschah es, dass wir wieder einmal um den Tisch saßen, um das letzte Abendbrot vor dem großen Fest zu essen. Wir waren älter geworden und darum auch nicht mehr ganz so neugierig und ungeduldig wie früher. Mutter war gerade dabei, den Glühwein einzuschenken, da sagte meine kleine Schwester plötzlich: »Kommt er diesmal nicht?«

Wir sahen uns an und hatten alle das gleiche Bild vor Augen: den Alten am Ofen, die nasse Jacke neben sich und auf den Knien den Teller mit den Mettwurstbroten.

Und wir alle wurden ein bisschen nachdenklich, nicht lange, nur Augenblicke, aber in diesen Augenblicken wurde uns allen bewusst, dass er uns fehlte.

»Vielleicht kommt er noch«, sagte der Vater und schnitt sich ein Stück Brot ab.

»Wir gehen aber nicht in die Weihnachtsstube, bevor er da gewesen ist«, meinte meine kleine Schwester, »sonst denkt er noch, er darf nicht mehr rein zu uns.«

»Ja, wir warten noch«, sagte Vater, und das Warten fiel uns Kindern gar nicht mehr schwer. So saßen wir beinahe eine Stunde lang unter der Lampe um den Tisch, tranken von unserem Glühwein und horchten auf jeden Laut, der von draußen kam.

Aber der Alte kam nicht. Wir gingen in die Weihnachtsstube, sangen, hörten die Weihnachtsgeschichte und zeigten uns gegenseitig unsere Geschenke. Doch etwas fehlte an der Weihnachtsfreude, das spürte jeder von uns. Und als Mutter mit mir und meiner kleinen Schwester und mit dem leeren Glühweintopf noch einmal in die Küche ging, um Glühwein nachzuschenken, da schauten wir alle drei zum Sessel neben dem Ofen, und Mutter sagte: »Kinder, unser Weihnachtsengel fehlt.«

Keiner von uns sagte etwas.

»Ja«, fuhr Mutter fort, »manchmal haben Menschen schon Engel beherbergt, ohne es zu wissen.«

Mir saß ein seltsamer Kloß im Hals, und ich glaube, meiner Schwester auch. Den Alten habe ich nie wieder gesehen. Ich weiß nicht, ob er inzwischen am Ziel seines langen Landstreicherlebens angekommen war. Aber dass er für uns ein Engel war, ein Engel im dicken schneenassen Mantel und mit frostroten Händen, daran habe ich bis heute nicht gezweifelt.

Hans Heinrich Strube

Der Urgroßeltern Weihnachten

Großvater, als kleiner Junge,
was kriegtest du da beschert?
»Eine braune Lebkuchenzunge
und ein geschnitztes Pferd!
Wie freut' ich mich da von Herzen!
Der kleine traute Baum
mit seinem Dutzend Kerzen
durchduftete den Raum.
Meine Mutter bekam ein Kettchen.
Unterm Lichterbaum lag das Jesuskind
im hölzernen Krippenbettchen.
Dran schaut' ich mich fast blind.
Vater sang heilige Lieder.
Es war so schön und feierlich.
Ich kniete im Eckchen nieder
und betete für mich.
Ein großer Rosinenwecken
ward vom Herrn Paten dann gebracht.
Mit meinem hölzernen Schecken
ging ich ins Bett zur guten Nacht.
Noch zwischen Schlaf und Wachen
roch ich den Wachslichtduft am Baum;
meiner jungen Mutter Lachen,
das hört' ich noch im Traum.
Ihr kriegt jetzt zu viel, mein Junge,
und nichts und nichts ist euch so wert,
wie mir meine Lebkuchenzunge
und mein geschnitztes Pferd!«

Frida Schanz

Die Heilige Nacht

Als ich fünf Jahre alt war, hatte ich einen großen Kummer. Ich weiß kaum, ob ich seitdem einen größeren gehabt habe. Das war, als meine Großmutter starb. Bis dahin hatte sie jeden Tag auf dem Ecksofa in ihrer Stube gesessen und Märchen erzählt. Ich weiß es nicht anders, als dass Großmutter dasaß und erzählte, vom Morgen bis zum Abend, und wir Kinder saßen still neben ihr und hörten zu. Das war ein herrliches Leben. Es gab keine Kinder, denen es so gut ging wie uns.

Ich erinnere mich nicht an sehr viel von meiner Großmutter. Ich erinnere mich, dass sie schönes, kreideweißes Haar hatte und dass sie sehr gebückt ging und dass sie immer dasaß und an einem Strumpf strickte.

Dann erinnere ich mich auch, dass sie, wenn sie ein Märchen erzählt hatte, ihre Hand auf meinen Kopf zu legen pflegte, und dann sagte sie: »Und das alles ist so wahr, wie dass ich dich sehe und du mich siehst.«

Ich entsinne mich auch, dass sie schöne Lieder singen konnte, aber das tat sie nicht alle Tage. Eines dieser Lieder handelte von einem Ritter und einer Meerjungfrau und es hatte den Kehrreim: »Es weht so kalt, es weht so kalt, wohl über die weite See.«

Dann entsinne ich mich eines kleinen Gebets, das sie mich lehrte, und eines Psalmverses.

Von allen den Geschichten, die sie mir erzählte, habe ich nur eine schwache, unklare Erinnerung. Nur an eine einzige von ihnen erinnere ich mich so gut, dass ich sie erzählen könnte. Es ist eine kleine Geschichte von Jesu Geburt.

Seht, das ist beinahe alles, was ich noch von meiner Großmutter weiß, außer dem, woran ich mich am besten erinnere, nämlich an den großen Schmerz, als sie dahinging.

Ich erinnere mich an den Morgen, an dem das Ecksofa leer

stand und es unmöglich war zu begreifen, wie die Stunden des Tages zu Ende gehen sollten. Daran erinnere ich mich. Das vergesse ich nie.

Und ich erinnere mich, dass wir Kinder hingeführt wurden, um die Hand der Toten zu küssen. Und wir hatten Angst, es zu tun, aber da sagte uns jemand, dass wir nun zum letzten Mal Großmutter für alle die Freude danken könnten, die sie uns gebracht hatte. Und ich erinnere mich, wie Märchen und Lieder vom Hause wegfuhren, in einen langen schwarzen Sarg gepackt, und niemals wiederkamen.

Ich erinnere mich, dass etwas aus dem Leben verschwunden war. Es war, als hätte sich die Tür zu einer ganzen schönen, verzauberten Welt geschlossen, in der wir früher frei aus und ein gehen durften. Und nun gab es niemand mehr, der sich darauf verstand, diese Tür zu öffnen.

Und ich erinnere mich, dass wir Kinder so allmählich lernten, mit Spielzeug und Puppen zu spielen und zu leben wie andere Kinder auch, und da konnte es ja den Anschein haben, als vermissten wir Großmutter nicht mehr, als erinnerten wir uns nicht mehr an sie. Aber noch heute, nach vierzig Jahren, wie ich dasitze und die Legenden über Christus sammle, die ich drüben im Morgenland gehört habe, wacht die kleine Geschichte von Jesu Geburt, die meine Großmutter zu erzählen pflegte, in mir auf. Und ich bekomme Lust, sie noch einmal zu erzählen und sie auch in meine Sammlung mit aufzunehmen.

Es war an einem Weihnachtstag, alle waren zur Kirche gefahren, außer Großmutter und mir. Ich glaube, wir beide waren im ganzen Hause allein. Wir hatten nicht mitfahren können, weil die eine zu jung und die andere zu alt war. Und alle beide waren wir betrübt, dass wir nicht zum Mettegesang fahren und die Weihnachtslichter sehen konnten.

Aber wie wir so in unserer Einsamkeit saßen, fing Großmutter zu erzählen an.

»Es war einmal ein Mann«, sagte sie, »der in die dunkle

Nacht hinausging, um sich Feuer zu leihen. Er ging von Haus zu Haus und klopfte an. ›Ihr lieben Leute, helft mir!‹, sagte er. ›Mein Weib hat eben ein Kindlein geboren, und ich muss Feuer anzünden, um es und den Kleinen zu erwärmen!‹

Aber es war tiefe Nacht, so dass alle Menschen schliefen, und niemand antwortete ihm.

Der Mann ging und ging. Endlich erblickte er in weiter Ferne einen Feuerschein. Da wanderte er dieser Richtung zu und sah, dass das Feuer im Freien brannte. Eine Menge weißer Schafe lag rings um das Feuer und schlief und ein alter Hirt wachte über der Herde. Als der Mann, der Feuer leihen wollte, zu den Schafen kam, sah er, dass drei große Hunde zu Füßen des Hirten ruhten und schliefen. Sie erwachten alle drei bei seinem Kommen und sperrten ihre weiten Rachen auf, als ob sie bellen wollten, aber man vernahm keinen Laut. Der Mann sah, dass sich die Haare auf ihrem Rücken sträubten, er sah, wie ihre scharfen Zähne funkelnd weiß im Feuerschein leuchteten, und wie sie auf ihn losstürzten. Er fühlte, dass einer nach seiner Hand schnappte und dass einer sich an seine Kehle hängte. Aber die Kinnladen und die Zähne, mit denen die Hunde beißen wollten, gehorchten ihnen nicht, und der Mann litt nicht den kleinsten Schaden.

Nun wollte der Mann weitergehen, um das zu finden, was er brauchte. Aber die Schafe lagen so dicht nebeneinander, Rücken an Rücken, dass er nicht vorwärts kommen konnte. Da stieg der Mann auf die Rücken der Tiere und wanderte über sie hin dem Feuer zu. Und keins von den Tieren wachte auf oder regte sich.«

So weit hatte Großmutter ungestört erzählen können, aber nun konnte ich es nicht lassen, sie zu unterbrechen. »Warum regten sie sich nicht, Großmutter?«, fragte ich.

»Das wirst du nach einem Weilchen schon erfahren«, sagte Großmutter und fuhr mit ihrer Geschichte fort.

»Als der Mann fast beim Feuer angelangt war, sah der Hirt auf. Es war ein alter, mürrischer Mann, der unwirsch und hart gegen alle Menschen war. Und als er einen Fremden kommen sah, griff er nach seinem langen, spitzigen Stabe, den er in der Hand zu halten pflegte, wenn er seine Herde hütete, und warf ihn nach ihm. Und der Stab fuhr zischend gerade auf den Mann los, aber ehe er ihn traf, wich er zur Seite und sauste, an ihm vorbei, weit über das Feld.«

Als Großmutter so weit gekommen war, unterbrach ich sie abermals. »Großmutter, warum wollte der Stock den Mann nicht schlagen?«

Aber Großmutter ließ es sich nicht einfallen, mir zu antworten, sondern fuhr mit ihrer Erzählung fort.

»Nun kam der Mann zu dem Hirten und sagte zu ihm: ›Guter Freund, hilf mir und leih mir ein wenig Feuer. Mein Weib hat eben ein Kindlein geboren, und ich muss Feuer machen, um es und den Kleinen zu erwärmen.‹

Der Hirt hätte am liebsten nein gesagt, aber als er daran dachte, dass die Hunde dem Manne nicht hatten schaden können, dass die Schafe nicht vor ihm davongelaufen waren und dass sein Stab ihn nicht fällen wollte, da wurde ihm ein wenig bange, und er wagte es nicht, dem Fremden das abzuschlagen, was er begehrte. ›Nimm, so viel du brauchst‹, sagte er zu dem Manne.

Aber das Feuer war beinahe ausgebrannt. Es waren keine Scheite und Zweige mehr übrig, sondern nur ein großer Gluthaufen, und der Fremde hatte weder Schaufel noch Eimer, worin er die roten Kohlen hätte tragen können.

Als der Hirt dies sah, sagte er abermals: ›Nimm, so viel du brauchst!‹ Und er freute sich, dass der Mann kein Feuer wegtragen konnte. Aber der Mann beugte sich hinunter, holte die Kohlen mit bloßen Händen aus der Asche und legte sie in seinen Mantel. Und weder versengten die Kohlen seine Hände, als er sie berührte, noch versengten sie seinen Mantel, sondern der Mann trug sie fort, als wenn es Nüsse oder Äpfel gewesen wären.«

Aber hier wurde die Märchenerzählerin zum dritten Mal unterbrochen. »Großmutter, warum wollte die Kohle den Mann nicht brennen?«

»Das wirst du schon hören«, sagte Großmutter, und dann erzählte sie weiter.

»Als dieser Hirt, der ein so böser, mürrischer Mann war, dies alles sah, begann er sich bei sich selbst zu wundern: Was kann dies für eine Nacht sein, wo die Hunde nicht beißen, die Schafe nicht erschrecken, die Lanze nicht tötet und das Feuer nicht brennt? Er rief den Fremden zurück und sagte zu ihm: ›Was ist dies für eine Nacht? Und woher kommt es, dass alle Dinge dir Barmherzigkeit zeigen?‹

Da sagte der Mann: ›Ich kann es dir nicht sagen, wenn du selber es nicht siehst.‹ Und er wollte seiner Wege gehen, um bald ein Feuer anzünden und Weib und Kind wärmen zu können.

Aber da dachte der Hirt, er wolle den Mann nicht ganz aus dem Gesicht verlieren, bevor er erfahren hätte, was dies alles bedeute. Er stand auf und ging ihm nach, bis er dorthin kam, wo der Fremde daheim war. Da sah der Hirt, dass der Mann nicht einmal eine Hütte hatte, um darin zu wohnen, sondern er hatte sein Weib und sein Kind in einer Berggrotte liegen, wo es nichts gab als nackte, kalte Steinwände.

Aber der Hirt dachte, dass das arme unschuldige Kindlein vielleicht dort in der Grotte erfrieren würde, und obgleich er ein harter Mann war, wurde er davon doch ergriffen und beschloss dem Kinde zu helfen. Und er löste sein Ränzel von der Schulter und nahm daraus ein weiches, weißes Schaffell hervor. Das gab er dem fremden Manne und sagte, er möge das Kind darauf betten.

Aber in demselben Augenblick, in dem er zeigte, dass auch er barmherzig sein konnte, wurden ihm die Augen geöffnet, und er sah, was er vorher nicht hatte sehen, und hörte, was er vorher nicht hatte hören können. Er sah, dass rund um ihn ein dichter Kreis von kleinen, silberbeflügelten Englein stand. Und jedes von ihnen hielt ein Saitenspiel in der Hand, und alle sangen sie mit lauter Stimme, dass in dieser Nacht der Heiland geboren wäre, der die Welt von ihren Sünden erlösen solle.

Da begriff er, warum in dieser Nacht alle Dinge so froh waren, dass sie niemand etwas zu Leide tun wollten. Und nicht nur rings um den Hirten waren Engel, sondern er sah sie überall. Sie saßen in der Grotte und sie saßen auf dem Berge und sie flogen unter dem Himmel. Sie kamen in großen Scharen über den Weg gegangen, und wie sie vorbeikamen, blieben sie stehen und warfen einen Blick auf das Kind.

Es herrschte eitel Jubel und Freude und Singen und Spiel, und das alles sah er in der dunklen Nacht, in der er früher nichts zu gewahren vermocht hatte. Und er wurde so froh, dass seine Augen geöffnet waren, dass er auf die Knie fiel und Gott dankte.«

Aber als Großmutter so weit gekommen war, seufzte sie und sagte: »Aber was der Hirte sah, das könnten wir auch sehen, denn die Engel fliegen in jeder Weihnachtsnacht unter dem Himmel, wenn wir sie nur zu gewahren vermögen.«

Und dann legte Großmutter ihre Hand auf meinen Kopf und sagte: »Dies sollst du dir merken, denn es ist so wahr, wie dass ich dich sehe und du mich siehst. Nicht auf Lichter und Lampen kommt es an, und es liegt nicht an Mond und Sonne, sondern was Not tut, ist, dass wir Augen haben, die Gottes Herrlichkeit sehen können.«

Selma Lagerlöf

Die Weihnachtsmaus

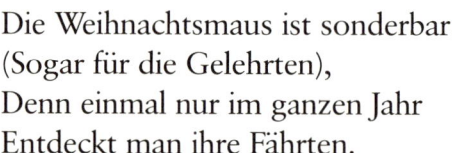

Die Weihnachtsmaus ist sonderbar
(Sogar für die Gelehrten),
Denn einmal nur im ganzen Jahr
Entdeckt man ihre Fährten.
    Mit Fallen oder Rattengift
    Kann man die Maus nicht fangen.
    Sie ist, was diesen Punkt betrifft,
    Noch nie ins Garn gegangen.
Das ganze Jahr macht diese Maus
Den Menschen keine Plage.
Doch plötzlich aus dem Loch heraus
Kriecht sie am Weihnachtstage.
    Zum Beispiel war vom Festgebäck,
    Das Mutter gut verborgen,
    Mit einem Mal das Beste weg
    Am ersten Weihnachtsmorgen.
Da sagte jeder rundheraus:
Ich hab es nicht genommen!
Es war bestimmt die Weihnachtsmaus,
Die über Nacht gekommen.
    Ein andres Mal verschwand sogar
    Das Marzipan vom Peter,
    Was seltsam und erstaunlich war,
    Denn niemand fand es später.
Der Christian rief rundheraus:
Ich hab es nicht genommen!
Es war bestimmt die Weihnachtsmaus,
Die über Nacht gekommen!

Ein drittes Mal verschwand vom Baum,
An dem die Kugeln hingen,
Ein Weihnachtsmann aus Eierschaum
Nebst andren leckren Dingen.
Die Nelly sagte rundheraus:
Ich habe nichts genommen!
Es war bestimmt die Weihnachtsmaus,
Die über Nacht gekommen!
Und Ernst und Hans und der Papa,
Die riefen: Welche Plage!
Die böse Maus ist wieder da,
Und just am Feiertage!
Nur Mutter sprach kein Klagewort.
Sie sagte unumwunden:
Sind erst die Süßigkeiten fort,
Ist auch die Maus verschwunden!
Und wirklich wahr: Die Maus blieb weg,
Sobald der Baum geleert war,
Sobald das letzte Festgebäck
Gegessen und verzehrt war.
Sagt jemand nun, bei ihm zu Haus –
Bei Fränzchen oder Lieschen –
Da gäb es keine Weihnachtsmaus,
Dann zweifle ich ein bisschen!
Doch sag ich nichts, was jemand kränkt!
Das könnte euch so passen!
Was man von Weihnachtsmäusen denkt,
Bleibt jedem überlassen!

James Krüss

Das vertauschte Weihnachtskind

Klein Elsbeth war fünf Jahre alt und hatte es recht gut auf der Welt, denn erstens brauchte sie noch nicht in die Schule zu gehn, zweitens hatte sie in der schönen, großen Wohnung der Eltern ein eigenes Zimmerchen für sich, das voll niedlicher Möbel war, darunter ein Schrank ganz voll Spielsachen, und drittens hatte sie immer Unterhaltung, nämlich ein Fräulein, das immer bei ihr war und sich mit ihr beschäftigte, weil Papa meistens im Geschäft war und Mama viel schlafen und Besuche machen musste. Wenn aber recht schönes Wetter war, durfte der Kutscher anspannen und dann fuhr sie mit Fräulein spazieren.

Na, der Kutscher! Den mochte sie zu gern. Der war immer so spaßig, und wenn er Besorgungen gemacht hatte, brachte er ihr immer was zu naschen mit.

Ihr einziger Kummer war, dass sie kein Brüderchen hatte, so eine richtige lebendige Puppe. Im ganzen Hause war sie das einzige Kind, auch Doktor Krauses im oberen Stock, die noch nicht lange eingezogen waren, hatten keine Kinder. Aber lieb war die Frau Doktor, Elsbethchen durfte manchmal zu ihr hinaufgehen mit Fräulein, und dann spielte die Frau Doktor ganz richtig mit ihr, als wenn sie auch ein kleines Mädchen wäre.

Weihnachten kam heran und eines Abends erschien – rate mal, wer? Der Knecht Ruprecht.

Fräulein hatte schon vorher gesagt: »Wo nur der Knecht Ruprecht bleibt? Kommen wird er sicher. Wir müssen uns nur überlegen, was wir uns zu Weihnachten wünschen, damit wir ihm das sagen können.«

Das war nun eine wichtige Sache. Es war denn auch eine ganze Liste zusammengekommen, Fräulein hatte alles aufgeschrieben, und Elsbeth hatte ihren Namen und die Straße und

Hausnummer drunterschreiben müssen, Fräulein hatte ihr die Hand geführt.

Und nun klopfte es vor der Tür, gerade, als Fräulein das Märchen vom ehrlichen Laubfrosch erzählte, und die Tür ging auf, und herein kamen Äpfel, Nüsse und eingewickelte Bonbons und hinterher der Ruprecht. Er brummte wie ein Bär durch seinen weißen Bart und sprach beinah so wie Heinrich, der Kutscher, Elsbeth musste beten, und dann sollte sie sich etwas zu Weihnachten wünschen. Da holte Fräulein den Zettel für Elsbeth und auch ihren eigenen und der Ruprecht ging damit ab.

Elsbeth war ja nun sehr befriedigt und Fräulein half mit auflesen; auf einmal aber schrie Elsbeth: »Fräulein, Fräulein –!«

»Was denn?«

»Ich habe was vergessen.«

»Was hast du denn vergessen?«

»Ich will ja ein kleines Brüderchen haben, das ist die allergrößte Hauptsache. Hole doch den Ruprecht noch einmal!«

»Schade, der ist aber schon weit fort. Weißt du was? Wir schreiben an ihn. Die Post weiß gewiss seine Adresse; er wird wohl mehr Briefe bekommen.«

Das war ein Trost. Fräulein nahm Papier und Feder und Elsbeth musste diktieren.

»Lieber Knecht Ruprecht! Entschuldigen Sie, wenn ich störe« – so sagte nämlich Fräulein immer zur Mama – »ich wünsche mir am allermeisten ein kleines Brüderchen, bitte, bitte! Es grüßt Sie Ihre Elsbeth.«

»Die Adresse schreibe ich dazu«, sagte Fräulein, »und die auf das Kuvert auch.«

»Die Marke darf ich lecken, nicht?«

»Für den Ruprecht braucht's keine.«

Aber Elsbeth wollte lieber sichergehen und ließ nicht nach, bis eine Marke aufgeklebt war; und nachher war sie sehr energisch dagegen, dass Minna, das Stubenmädchen, den Brief in den Briefkasten trug, Fräulein musste mit ihr über die Straße gehen und sie heben, so dass sie den Brief selber einstecken konnte.

Fräulein lachte heimlich. Der Briefkasten gehörte nämlich nicht der Post, sondern einem großen Kohlengeschäft. Die Leute würden sich dort schön wundern! Darauf gingen die beiden wieder Äpfel, Nüsse und Bonbons zusammenlesen.

Der Tag zu Heiligabend war gekommen und Klein Elsbeth in wahrem Fieber vor Erwartung. Das Brüderchen musste doch sicher kommen; bis jetzt hatte der Weihnachtsmann immer alles gebracht, was sie sich gewünscht hatte. Wenn bloß der Brief richtig angekommen war!

Papa und Mama wussten natürlich von dem bevorstehenden Familienzuwachs. Elsbeth war anfangs dafür gewesen, sie zu überraschen, aber sie hatte doch auf die Dauer ihr Geheimnis nicht bei sich behalten können. Und Mama hatte gesagt: »Es ist nur gut, dass ich es weiß, da muss ich doch Steckkissen und Windeln instand setzen.«

»Aber das sage ich dir, Mama, es ist meins!«, hatte Elsbeth sehr entschieden gesagt. »Dass du mir's nicht etwa nachher fortnimmst und sprichst, es wäre deins!«

»Ei, wo werde ich denn«, hatte Mama geantwortet.

Nun war's draußen dunkel, in der Gegend des Wohnzimmers allerlei Getrappel und Gemunkel. Elsbeth, die atemlos mit Fräulein in ihrem Zimmerchen wartete, hörte es und trippelte wie ein Irrlicht herum vor Ungeduld. Draußen läuteten die Glocken. Und endlich klingelte es.

»Fräulein, schnell –!«

Da war die Weihnachtsstube, mit Papa und Mama und dem Weihnachtsbaum und lauter Herrlichkeiten auf Tischen und Stühlen. Und die Eltern beide lachten ganz glücklich: »Sieh doch dort, Elsbethchen, das ist deins, was der Weihnachtsmann dir gebracht hat.«

Aber die großen Kinderaugen von Klein Elsbeth suchten, suchten, und das Gesichtchen wurde immer kläglicher: »Wo ist denn das Brüderchen?«

»Ja, denke dir«, sagte Mama, »das ist nicht gekommen!«

Aus Elsbeths Augen kullerten die Tränen.

»Der Ruprecht!«, nickte sie. »Das ist schon so einer. Jetzt freue ich mich beinah gar nicht.«

»Ja«, meinte Papa, »wir müssen ihn nächstes Jahr einmal fragen, ob er denn deinen Brief nicht bekommen hat.«

Nun half da ja nichts; Elsbeth musste sich mit den andern Sachen zufrieden geben, und das ging ja auch, denn sie waren wirklich sehr schön.

Nachher wurden der Friedrich und das Stubenmädchen und die Köchin und die Jungfer von Mama gerufen, die bekamen auch ihr Teil. Die Köchin kam zuletzt und war ganz aufgeregt und sagte: »Gnädige Frau, bei Doktors oben ist ein kleiner Junge angekommen.«

Klein Elsbeth stieß einen Schrei aus. »Ein kleiner Junge? Mama, Mama, das ist meiner. Der ist falsch abgegeben!«

Und mit blitzenden Augen stand sie vor der Mutter, ganz Aufregung.

»Ja, das kann man doch nicht wissen«, sagte Mama bedenklich und blinzelte zu Papa hin.

»Doch«, rief Elsbeth, »ich habe ihn doch bestellt, Doktors brauchen doch gar keinen. Bitte, bitte, schicke doch hinauf und lass ihn holen. Tante Doktor gibt ihn mir gewiss, das weiß ich. Ich habe ihr auch erzählt, dass ich ein Brüderchen bestellt habe.«

Die Köchin und die Zofe und das Stubenmädchen lachten, aber Papa sagte ernsthaft: »Na, heute wollen wir's nur oben lassen, es wird natürlich sehr müde sein und erst mal ordentlich ausschlafen wollen.«

»Aber ich will's doch sehen!«, rief Elsbethchen. »Fräulein, komm doch nur mit, wir wollen hinaufgehen.«

»Heute nicht, sei artig, Elsbeth«, entschied Mama.

Elsbeth stieß ein Schluchzen aus und stampfte mit dem Fuße auf. »Ihr seid schlecht – ganz schlecht seid ihr …«

»Elsbeth –«, sagte Papa mit strengem Ton; den kannte sie schon, da war nicht gut Kirschen essen mit ihm. »Unartigen

Kindern nimmt der Weihnachtsmann alles wieder weg, das weißt du. Natürlich das Brüderchen auch.«

Sie ging zu ihren Sachen, weinte noch eine Weile still vor sich hin …

»Morgen ganz früh gleich gehn wir hinauf, nicht?«, sagte sie zu Fräulein, als die sie zu Bett brachte.

»Ja freilich.«

Sie lag noch lange wach und lächelte glückselig …

In aller Frühe klingelte es bei Doktors. Als das Mädchen öffnete, stand Klein Elsbeth da, hochrot im Gesichtchen, sagte gar nicht »Guten Morgen«, sondern bloß sehr bestimmt: »Ich will mein Brüderchen sehen. Es gehört nämlich mir.«

Sie war dem Fräulein durchgegangen, das noch mit Haarmachen zu tun hatte.

»Das ist deins?«, fragte das Mädchen erstaunt. »Ich denke doch, das ist der Frau Doktor ihres.«

»Nein, das habe ich mir bestellt, es ist bloß falsch abgegeben. Und ich will mir's holen.«

»Na, das glaube ich nicht, dass sie dir das herausgeben«, meinte das Mädchen. »Ich will mal den Herrn fragen, ob du es sehen darfst, es wird gerade gebadet.«

Sie ging fort und statt ihrer kam der Doktor. »Morgen, Elsbethchen. Na, willst du's sehen? Dann komm mit. Aber es ist richtig unseres, verlass dich drauf.«

»Jawohl, ihr wollt mir's jetzt bloß nicht geben. Ich habe mir's bestellt und ihr nicht!«

»Doch, wir haben auch eins bestellt.«

»Aber, Elsbethchen!«, rief's unten, und Fräulein kam mit halb gemachtem Haar die Treppe heraufgeflogen.

»Du lügst!«, rief die Kleine in leidenschaftlicher Erbitterung. »Du sagst bloß so. Und jetzt will ich's gar nicht sehen …«

»Entschuldigen Sie das Kind, Herr Doktor«, sagte Fräulein. »Meinen herzlichen Glückwunsch! Es ist so ein merkwürdiger Zufall …«

Elsbethchen war schon auf der Treppe und jetzt war Fräulein bei ihr und meinte: »Wir schreiben noch einmal an den Ruprecht, da werden wir ja erfahren, wem es gehört.«

»Ja, aber gleich«, nickte Elsbeth entrüstet.

Nun saßen sie – sie hatten noch gar nicht gefrühstückt; die Eltern lagen noch zu Bett – und Elsbeth diktierte und Fräulein schrieb:

»Lieber Knecht Ruprecht! Ich bin sehr traurig …«

Auf dem Korridor ging die Klingel. »Das wird die Post sein«, sagte Fräulein und legte die Feder nieder, »ich will erst einmal nachsehn.«

Sie ging und kam wieder mit dem Postboten, der trug eine große Kiste, nickte Elsbethchen zu und meinte schmunzelnd: »Da kommt was für das Fräuleinchen.« Und Fräulein las auf der Begleitadresse und rief: »Elsbethchen, da steht: ›Absender: der Weihnachtsmann‹; da bin ich neugierig. Ich will gleich Werkzeug holen und öffnen.«

Es stand aber auch etwas blau gestempelt auf der Adresse, davon sagte sie nichts, das hieß nämlich: Schucker und Kompagnie, Kohlenhandlung.

Die Neugier, ehe die Kiste geöffnet war und ausgepackt wurde! Erst viel Holzwolle; und dann: eine Puppe, so groß, wie Elsbethchen noch keine gehabt – ein kleiner Junge!

»Ja, was ist denn das?«, kopfschüttelte Fräulein und nahm einen Brief aus einem Kuvert, das dabeilag. Und dann schrie sie: »Denke doch nur an, der Weihnachtsmann schreibt an dich:

›Liebes Elsbethchen! Der Knecht Ruprecht lässt dich schön grüßen. Er hat mir gesagt, du hättest dir ein richtiges lebendiges Brüderchen gewünscht. Aber die sind das Jahr schlecht geraten, und ich musste erst den Leuten eins bringen, die schon voriges Jahr eins gewünscht und nicht gekriegt haben. Da hatte ich für dich keins mehr übrig und schicke dir dafür noch ein extragroßes, das zwar nicht lebendig, aber sehr schön ist. Es grüßt dich der Weihnachtsmann.‹«

»Dann ist's doch richtig«, sagte Elsbethchen betreten, »es gehört Doktors. Ich freue mich gar nicht.«

Der Kohlenhändler, der den Brief an den Knecht Ruprecht in seinem Briefkasten gefunden, hatte sich den Spaß gemacht; davon aber erfuhr Elsbethchen nichts.

Noch am selben Tage aber war sie bei Doktors und besah das Brüderchen. Es war ein kleines, schrumpliges Ding und quäkte grässlich. Ganz krebsrot und hässlich sah es aus.

»Weißt du«, sagte sie zu Fräulein, als sie von Doktors die Treppe hinuntergingen, »jetzt ist mir's doch lieb, dass ich das Brüderchen nicht gekriegt habe; das, was mir der Weihnachtsmann geschickt hat, ist viel hübscher und auch viel artiger. Das andere können Doktors behalten.«

Victor Blüthgen

Die gute Nacht

Der Tag, vor dem der große Christ
Zur Welt geboren worden ist
War hart und wüst und ohne Vernunft.
Seine Eltern, ohne Unterkunft
Fürchteten sich vor seiner Geburt
Die gegen Abend erwartet wurd.
Denn seine Geburt fiel in die kalte Zeit.
Aber sie verlief zur Zufriedenheit.
Der Stall, den sie doch noch gefunden hatten
War warm und mit Moos zwischen seinen Latten
Und mit Kreide war auf die Tür gemalt
Dass der Stall bewohnt war und bezahlt.
So wurde es doch noch eine gute Nacht
Auch das Heu war wärmer, als sie gedacht.
Ochs und Esel waren dabei
Damit alles in der Ordnung sei.
Eine Krippe gab einen kleinen Tisch
Und der Hausknecht brachte ihnen heimlich einen Fisch.
(Denn es musste bei der Geburt des großen Christ
Alles heimlich gehen und mit List.)
Doch der Fisch war ausgezeichnet und reichte durchaus
Und Maria lachte ihren Mann wegen seiner Besorgnis aus.
Denn am Abend legte sich sogar der Wind
Und war nicht mehr so kalt, wie die Winde sonst sind.
Aber bei Nacht war es fast wie ein Föhn.
Und der Stall war warm und das Kind war sehr schön.
Und es fehlte schon fast gar nichts mehr
Da kamen auch noch die Dreikönig daher!
Maria und Joseph waren zufrieden sehr.
Sie legten sich sehr zufrieden zum Ruhn
Mehr konnte die Welt für den Christ nicht tun.

Bertolt Brecht

Babuschka und die drei Könige

Vor vielen, vielen Jahren, da stand einmal ein kleines Haus ganz allein zwischen den Wiesen und Feldern. Dort wohnte die alte Babuschka. Im Sommer sangen die Vöglein im Apfelbaum, aber im Winter war alles still. Auf den Wiesen und Feldern lag der Schnee.

An einem Wintertag fegte und putzte Babuschka wieder einmal ihr kleines Haus. Weil sie allein war und viel Zeit hatte, fegte und putzte sie oft so lange, bis es allmählich dunkel wurde.

Plötzlich blieb Babuschka mitten in der Stube stehen. Durch Schnee und Wind hatte sie deutlich die Stimmen von Menschen gehört. Es mussten sehr viele sein. Babuschka hörte sie näher kommen. Als Babuschka aus dem Fenster sah, wollte sie kaum ihren Augen trauen. Da kamen zuerst drei weiße Pferde, die einen prächtig geschmückten Schlitten zogen. Drei Männer saßen in dem Schlitten. Sie waren bunt und fremdländisch angezogen. Jeder von ihnen trug eine schwere Krone, mit Edelsteinen reich verziert. Dann kamen noch viele Männer zu Pferd oder zu Fuß, es war eine lange Reihe, und die ersten standen schon vor Babuschkas kleinem Haus. Als es an der Tür klopfte, hätte Babuschka sich gern versteckt. Sie fürchtete sich und wartete lange. Dann aber zog sie den Riegel zurück und trat vor das Haus.

Waren es Könige, die vor der Tür standen?

Dunkel erinnerte sich Babuschka, dass man Menschen, die eine Krone trugen, Könige nannte. Waren sie streng und böse, wie man ihr erzählt hatte?

Aber da lächelte einer der drei Fremden und sagte freundlich: »Fürchte dich nicht! Wir sind einem hellen Stern gefolgt und suchen den Ort, wo ein Kind geboren wurde, das uns allen Freude und Erlösung bringt. Willst du nicht mitgehen, Babuschka? Wir haben den Weg verloren im tiefen Schnee. Hilf uns den Weg wieder finden, damit wir dem Kind unsere Gaben bringen!«

Der kurze Wintertag ging schon dem Ende zu. Babuschka sah in das Schneegestöber hinaus. »Kommt in die Stube und wärmt euch! Ich mache erst noch die Arbeit im Haus fertig. Morgen werde ich gewiss mit euch gehen.«

Doch die drei Könige wandten sich ab. »Wenn du nicht mitkommen kannst, Babuschka, wir müssen gleich wieder aufbrechen. Für uns gibt es keinen Aufenthalt.«

Babuschka sah ihnen lange nach. Mit allen, die bei ihnen waren, zogen sie wieder durch Wind und Schnee über das weite Land.

Babuschka war in ihr Haus zurückgekehrt und hatte die letzten Ecken sauber gemacht. Noch lange aber saß sie am Tisch und dachte daran, was die drei Könige ihr von dem neugeborenen Kind erzählt hatten: dass es allen Menschen Freude und Erlösung bringen werde. Wenn ich doch mitgegangen wäre, dachte Babuschka, ich hätte das auserwählte Kind mit eigenen Augen gesehen. Und sie bereute nun, dass sie zurückgeblieben war.

Auch als sie sich zum Schlafen niederlegte, fand Babuschka keine Ruhe. Sie konnte den Morgen kaum erwarten. Tief im Herzen hatte sie nur noch den einen Wunsch, das Kind zu finden und ihm Geschenke darzubringen, wie es die Könige tun wollten.

Schon in der ersten Tagesfrühe machte sich Babuschka auf den Weg. Sie trug in der Reisetasche die wenigen kleinen Geschenke, die sie in ihrer Hütte gefunden hatte. Auch wenn sie nicht kostbar waren, so hoffte Babuschka doch, dass sich das Kind darüber freuen würde.

Sie trat aus dem Haus und suchte die Spuren im Schnee, die ihr den Weg der Könige zeigen sollten, aber der Wind hatte die Spuren längst verweht. So ging sie allein und ohne Hilfe in das verschneite Land hinein, klopfte an viele Türen und fragte:

»Sind drei Könige hier vorbeigekommen? Kennt ihr das auserwählte Kind und wisst ihr, wo es geboren wurde?« Aber nicht einer von allen konnte ihr Antwort geben. Fremde Kinder spielten im Schnee. Babuschka sah ihnen gerne zu. Seitdem sie hinausgezogen war, um das eine Kind zu suchen, hatte sie alle Kinder lieb gewonnen. Aber nicht lange durfte sie stehen bleiben.

Babuschka wanderte weiter. Schritt für Schritt, den Stock in der Hand, wanderte sie von Dorf zu Dorf. Freundlich wurde sie aufgenommen, aber vergeblich fragte sie überall: »Wisst ihr den Weg zu dem auserwählten Kind?«

Und weiter stapfte die alte Babuschka über das schneebedeckte Land. Die Wege sind weit in diesem Land und niemand weiß, ob sie das Kind gefunden hat.

Aber die Leute erzählen, dass bis auf den heutigen Tag, wenn es Winter geworden ist, eine alte Frau durch die Straßen und Gassen geht. Sie schaut in die Stuben hinein und manchmal finden die Kinder am anderen Tag ein kleines Geschenk auf der Fensterbank, nur eine Zuckerstange oder ein einfaches Spielzeug.

Die gute alte Babuschka ist in der Dunkelheit an ihrem Haus vorbeigekommen.

Paul Schaaf

Epiphanias

Die heil'gen drei König mit ihrem Stern,
Sie essen, trinken und bezahlen nicht gern;
Sie essen gern, sie trinken gern,
Sie essen, trinken und bezahlen nicht gern.

Die heil'gen drei König sind kommen allhier,
Es sind ihrer drei und sind nicht ihrer vier;
Und wenn statt drei zu viere wär',
So wär' ein heil'ger drei König mehr.

Ich erster bin der weiß' und auch der schön',
Bei Tage solltet ihr erst mich sehn!
Doch ach, mit allen Spezerein
Werd ich sein Tag kein Mädchen mir erfrein.

Ich aber bin der braun' und bin der lang',
Bekannt bei Weibern wohl und bei Gesang.
Ich bringe Gold statt Spezerein,
Da werd ich überall willkommen sein.

Ich endlich bin der schwarz' und bin der klein'
Und kann auch wohl einmal recht lustig sein.
Ich esse gern, ich trinke gern,
Ich esse, trinke und bedank mich gern.

Die heil'gen drei König sind wohlgesinnt,
Sie suchen die Mutter und auch das Kind;
Der Joseph fromm sitzt auch dabei,
Der Ochs und Esel liegen auf der Streu.

Wir bringen Myrrhen, wir bringen Gold,
Dem Weihrauch sind die Damen hold;
Und haben wir Wein von gutem Gewächs,
So trinken wir drei so gut als ihrer sechs.
Da wir nun hier schöne Herrn und Fraun,
Aber keine Ochsen und Esel schaun,
So sind wir nicht am rechten Ort
Und ziehen unsers Weges weiter fort.

Johann Wolfgang von Goethe

Die Heil'gen Drei Könige

Die Heil'gen Drei Könige aus Morgenland,
Sie frugen in jedem Städtchen:
»Wo geht der Weg nach Bethlehem,
Ihr lieben Buben und Mädchen?«

Die Jungen und Alten, sie wussten es nicht,
Die Könige zogen weiter;
Sie folgten einem goldenen Stern,
Der leuchtete lieblich und heiter.

Der Stern blieb stehn über Josephs Haus,
Da sind sie hineingegangen;
Das Öchslein brüllte; das Kindlein schrie,
Die Heil'gen Drei Könige sangen.

Heinrich Heine

Warum der schwarze König Melchior
so froh wurde

Allmählich verbreitete sich das Gerücht von dem wunderbaren Kinde mit dem Schein ums Haupt und drang bis in die fernsten Länder. Dort lebten drei Könige als Nachbarn, die seltsamerweise Kaspar, Melchior und Balthasar hießen, wie heutzutage ein Rossknecht oder ein Hausierer. Sie waren aber trotzdem echte Könige und was noch merkwürdiger ist, auch weise Männer. Nach dem Zeugnis der Schrift verstanden sie den Gang der Gestirne vom Himmel abzulesen, und das ist eine schwierige Kunst, wie jeder weiß, der einmal versucht hat, hinter einem Stern herzulaufen.

Diese Drei also taten sich zusammen, sie rüsteten ein prächtiges Gefolge aus und dann reisten sie eilig mit Kamelen und Elefanten gegen Abend. Tagsüber ruhten Menschen und Tiere unter den Felsen in der steinigen Wüste, und auch der Stern, dem sie folgten, der Komet, wartete geduldig am Himmel und schwitzte nicht wenig in der Sonnenglut, bis es endlich wieder dunkel wurde. Dann wandelte er von neuem vor dem Zuge her und leuchtete feierlich und zeigte den Weg.

Auf diese Art ging die Reise gut voran, aber als der Stern über Jerusalem hinaus gegen Bethlehem zog, da wollten ihm die Könige nicht mehr folgen. Sie dachten, wenn da ein Fürstenkind zu besuchen sei, dann müsse es doch wohl in einer Burg liegen und nicht in einem armseligen Dorf. Der Stern geriet sozusagen in Weißglut vor Verzweiflung, er sprang hin und her und wedelte und winkte mit dem Schweif, aber das half nichts. Die drei Weisen waren von einer solchen Gelehrtheit, dass sie längst nicht mehr verstehen konnten, was jedem Hausverstand einging.

Indessen kam auch der Morgen herauf und der Stern verblich. Er setzte sich traurig in die Krone eines Baumes neben dem Stall und jedermann, der vorüberging, hielt ihn für nichts weiter als eine vergessene Zitrone im Geäst. Erst in der Nacht kletterte er heraus und schwang sich über das Dach.

Die Könige sahen ihn beglückt. Hals über Kopf kamen sie herbeigeritten. Den ganzen Tag hatten sie nach dem verheißenen Kinde gesucht und nichts gefunden, denn in der Burg zu Jerusalem saß nur ein widerwärtig fetter Bursche namens Herodes.

Nun war aber der eine von den Dreien, der Melchior hieß, ein Mohr, baumlang und so tintenschwarz, dass selbst im hellen Schein des Sternes nichts von ihm zu sehen war als ein Paar Augäpfel und ein fürchterliches Gebiss. Daheim hatte man ihn zum König erhoben, weil er noch ein wenig schwärzer war als die anderen Schwarzen, aber nun merkte er zu seinem Kummer, dass man ihn hierzulande ansah, als ob er in der Haut des Teufels steckte. Schon unterwegs waren alle Kinder kreischend in den Schoß der Mütter geflüchtet, sooft er sich von seinem Kamel herabbeugte, um ihnen Zuckerzeug zu schenken, und die Weiber würden sich bekreuzigt haben, wenn sie damals schon hätten wissen können, wie sich ein Christenmensch gegen Anfechtungen schützt. Als Letzter in der Reihe trat Melchior zaghaft vor das Kind und warf sich zur Erde. Ach, hätte er jetzt nur ein kleines weißes Fleckchen zu zeigen gehabt oder wenigstens sein Innerstes nach außen kehren können! Er schlug die Hände vors Gesicht, voll Bangen, ob sich auch das Gotteskind vor ihm entsetzen würde.

Weil er aber weiter kein Geschrei vernahm, wagte er ein wenig durch die Finger zu schielen, und wahrhaftig, er sah den holden Knaben lächeln und die Hände nach seinem Kraushaar ausstrecken.

Über die Maßen glücklich war der schwarze König! Nie zuvor hatte er so großartig die Augen gerollt und die Zähne gebleckt von einem Ohr zum andern. Melchior konnte nicht anders, er musste die Füße des Kindes umfassen und alle seine Zehen küssen, wie es im Mohrenlande Brauch war.

Als er aber die Hände wieder löste, sah er das Wunder: – sie waren innen weiß geworden!

Und seither haben alle Mohren helle Handflächen, geht nur hin und seht es und grüßt sie brüderlich.

Karl Heinrich Waggerl

Nachwort

Advent. Weihnachten.

Allein diese Namen lassen in mir ein ganz besonderes, ein tief von innen her wärmendes Gefühl aufkeimen. Wann sonst im Jahr scheinen Sehnsucht und Erfüllung, Wünsche und deren Verwirklichung einander so nahe gerückt?

Dass es so ist für mich, habe ich meiner Mutter zu verdanken. Sie wusste, dass es nicht genügt, zum 1. Advent einfach nur einen Tannenkranz mit vier roten Kerzen auf den Esstisch zu stellen und diese an jedem Adventssonntag kurz anzuzünden, für den Nikolausmorgen »bunte Teller« bereitzuhalten und am Heiligen Abend einen möglichst hohen Baum mit Lametta zu behängen.

Da meine Mutter Konzertpianistin war, versteht es sich von selbst, dass sie mit mir das ganze Jahr über viel musiziert hat. Unmerklich eignete ich mir so einen enormen Schatz von Kinder- und anderen Liedern an. Ab Mitte November sangen wir natürlich vornehmlich Advents- und Weihnachtslieder. Darüber hinaus las meine Mutter mir vor – selbst dann noch, als ich längst allein lesen konnte. Es gab einige Bücher, die ich sehr liebte, die jedoch nicht mir gehörten und deswegen im Herrenzimmer im Bücherschrank standen. Dadrin waren ganz besondere Weihnachtsgeschichten, die auf meinen Wunsch hin »alle Jahre wieder« zu Gehör gebracht wurden.

Obgleich der Zweite Weltkrieg all unser Hab und Gut zerstörte, blieben in mir unverlierbar Glanz und Zauber der vorweihnachtlichen Wochen meiner Kindheit lebendig.

In der Nachkriegszeit, die sich wie für viele Flüchtlingsfamilien so auch für die meine recht ärmlich gestaltete, wurde mir klar, dass äußerer Schmuck wunderschön ist, aber nicht das Wichtigste. Diese Erkenntnis half mir dann Jahre später, als ich zwar »kinderreich« war, sonst aber sehr sparsam leben und genau rechnen musste.

Es gibt ein altes englisches Sprichwort, das für mich seit Jungmädchenzeiten wegweisend wurde: »Wenn du zwei Pfennige hast, besorge für den einen Brot und kaufe mit dem anderen Hyazinthen für deine Seele«. Im Original klingt das eindringlicher und viel inniger: »If thou has two pennies, spend one for bread and with the other buy hyacinths for thy soul«. Ich habe mich daran gehalten und im Laufe meines Lebens eine Menge »Hyazinthen« gesammelt!

Singen und vorlesen, behaglich zusammensitzen, gemeinsam Goldsterne ausschneiden, von früher erzählen, jedes Mal wieder liebevoll eine von den Kindern ausgesägte Krippe aufbauen: daraus erwächst die echte Vorfreude auf diese so ganz besondere Zeit im Jahresverlauf.

Aus den von mir im Laufe der vergangenen mehr als 40 Jahre gesammelten Gedichten und Geschichten suchte ich die schönsten für dieses Buch aus und achtete darauf, dass sie alle *ab dem Alter von etwa 5 Jahren verständlich* sind. »Literarisch wertvoll« ist jeder einzelne Textbeitrag.

An der teilweise altertümlich klingenden Ausdrucksweise stoßen sich übrigens Erwachsene eher als Kinder … Ein Beispiel: In der Anfang dieses Jahrhunderts entstandenen *Familie Pfäffling* von Agnes Sapper nennt der Vater seinen Sohn Otto einen Feigling, weil der aus Eitelkeit den kleinen Bruder im Stich lässt. Moderne Autoren würden in so einem Fall den Begriff verantwortungslos verwenden. Na und?!?

An den Zweigen unseres Weihnachtsbaumes hängt seit Jahrzehnten eine Biedermeier-Kette, die aus vielen goldenen Kugeln besteht. Oben sind es winzige Kügelchen, unten – fast schon auf dem Boden auflagernd – dicke Klunker. Diese Kette ist für mich so etwas wie ein Symbol: sie erinnert mich daran, dass man den Weg, der durch die Advents- und Weihnachtszeit führt, um sie sehr persönlich, unverwechselbar und unvergesslich werden zu lassen, am besten aus unzähligen Teilchen bauen sollte, von denen jedes einzelne – materiell gesehen – ruhig wertlos sein kann.

Wenn das vorliegende Buch gleich einer losgelösten dicken Goldkugel aus einer Weihnachtsbaum-Kette gleich einem kostbaren Schatz in die Hände vieler Menschen gelangen könnte und sich mit seinem Glanz, seiner Aussagekraft und Freude einreihen ließe in die eigenen Bräuche und traditionellen Gepflogenheiten jedes Einzelnen und jeder Familie – dann wäre ich als Sammlerin und Herausgeberin überglücklich!

Quellenverzeichnis

Bartos-Höppner, Barbara, Der 2. Dezember, aus: Barbara Bartos-Höppner, Schnüpperle. Vierundzwanzig Geschichten zur Weihnachtszeit © C. Bertelsmann Jugendbuchverlag, München 1969

Blüthgen, Victor, Das vertauschte Weihnachtskind © Diethard H. Klein, Bayreuth

Brecht, Bertolt, Die gute Nacht, aus: Gesammelte Werke © Suhrkamp Verlag, Frankfurt am Main 1967

Busta, Christine, Sternschneiden, aus: Christine Busta, Die Sternenmühle © Otto Müller Verlag, Salzburg 1959

Keller, Paul, Das Niklasschiff, aus: Paul Keller, Gold und Myrrhe © 1958 by Bergstadt-Verlag Wilhelm Gottlieb Korn, München

Kinau, Rudolf, Unter dem Schornstein, aus: Rudolf Kinau, Mien Wihnachtsbook, Quickborn-Verlag, Hamburg 1959

Korschunow, Irina, Der kleine Flori und der Nikolaus © Irina Korschunow

Krüss, James, Die Weihnachtsmaus, aus: James Krüss, Der wohltemperierte Leierkasten © C. Bertelsmann Jugendbuchverlag, München 1961

ders., Die lustige Weihnacht, aus: James Krüss, Der wohltemperierte Leierkasten © C. Bertelsmann Jugendbuchverlag, München 1961

ders., Tannengeflüster, aus: James Krüss, Der wohltemperierte Leierkasten © C. Bertelsmann Jugendbuchverlag, München 1961

Lagerlöf, Selma, Die Heilige Nacht, aus: Selma Lagerlöf, Christuslegenden © 1948 by Nymphenburger Verlag in der F. A. Herbig Verlagsbuchhandlung GmbH, München

Lindgren, Astrid, Polly hilft der Großmutter © Verlag Friedrich Oetinger

Matthießen, Wilhelm, Das Märchen von den fünfundzwanzig Bohnenstangen, aus: Wilhelm Matthießen, Das alte Haus, KeRLE im Verlag Herder, Freiburg, 15. Auflage 1997

ders., Die Geschichte von den Lebkuchen, aus: Wilhelm Matthießen, Der bunte Kuckuck, Verlag Herder, Freiburg 1990

Reinick, Robert, Das Christkind, aus: Jutta Radel (Hg.), Lese-
löwen-Weihnachtsbuch © 1987 by Loewe Verlag GmbH,
Bindlach

Richter, Hans Peter, Als ich etwa zehn Jahre alt war © Leonore
Richter-Stiehl

ders., Das Hemd © Leonore Richter-Stiehl

ders., Der Laternenzug © Leonore Richter-Stiehl

ders., Erinnerung an einen Sankt Martinsabend in der Kindheit
© Leonore Richter-Stiehl

ders., Nikolaus der Gute © Leonore Richter-Stiehl

Ritter, Anna, Vom Christkind, aus: Jutta Radel (Hg.), Leselöwen-
Weihnachtsbuch © 1987 by Loewe Verlag GmbH, Bindlach

Sapper, Agnes, Die Weihnachtskiste, aus: Agnes Sapper, Die
Heimkehr © Gundert Verlag, München

dies., Adventszeit, aus: Agnes Sapper, Die Familie Pfäffling
© Gundert Verlag, München

dies., Am kürzesten Tag, aus: Agnes Sapper, Die Familie Pfäffling
© Gundert Verlag, München

Schaaf, Paul, Babuschka und die drei Könige, aus: Paul Schaaf,
Babuschka und die drei Könige © Middelhauve Verlag, München

Waggerl, Karl Heinrich, Warum der schwarze König Melchior so
froh wurde, aus: Karl Heinrich Waggerl, Gesammelte Werke
in zwei Bänden © Otto Müller Verlag, Salzburg 1970

ders., Vom Ochsen und vom Esel, aus: Karl Heinrich Waggerl,
Gesammelte Werke in zwei Bänden © Otto Müller Verlag,
Salzburg 1970

Inhalt